新典社選書94

文体再見

半沢幹一著

新典社

目　次

まえがき

本書は、「文体」と称されるものの概念と実態をめぐって、筆者の考え調べたところをまとめたものです。

全体は7章から構成されていますが、大きく分ければ、前半が文体の概念をめぐる理論編、後半が文体の実態をめぐる検証編ということになるでしょう。理論編のほうは、読むのにやや骨が折れるかもしれませんが、文体を考えるうえで避けて通れませんから、じっくり検討してもらいたいところです。いっぽう、検証編は実例の紹介を中心に展開していますから、読みやすく、楽しんでもらえるかと思います。内容は一応、章ごとに完結していますので、どの章から読んでも差し支えありません。

はじめに、全体の概要を知ってもらうために、章を追って簡単に解説しておきます。

第1章の「文体規定」は、これまで文体という概念がどのように規定され用いられてきたか、またそのどういうところが問題なのかというところから始まり、日本語という言語の文体、さらには現代日本語における文体とは何かなどについてまで及ぶ内容です。「文体」という語は、時代によって、また立場によって、さまざまに違った使われ方をしてきました。文体論学会という、文体を専門的に研究する学会においてさえ、それに近い状態なのですから、あとは推して知るべしでしょう。もちろん、このような状況にはそれなりの事情があり、一概に、だから文体など意味がないとか役に立たないとか言うつもりはまったくありません。大切なのは、まずは文体にまつわる状況を知り、その真相は何かを考えることだと思います。くどいくらいに、いろいろな文献を取り上げて解説したのも、そのために他なりません。

第2章の「文即人也」というタイトルは、漢文調にした「文は人なり」という有名な格言です。この格言が文体概念の中核であるという捉え方が、少なくとも日本では一般的です。しかし、元々はフランスのビュフォンという博物学者のスピーチ中の一節であるということを知る人は、「目から鱗が落ちる」が聖書に由来することと同じくらいに、決して多くはないでしょう。しかも、「文は人なり」のほうは、誤解あるいは曲解の積み重ねによって、格言として独り歩きするようになったのでした。その間の経緯を明らかにすることは、文体の概念を考え直すのに欠かせないことでしょう。

第3章の「役割文体」というタイトルは、「役割語」との関係を見るために、あえて造語したものです。役割語という概念が提唱されて以来、それが典型的に現れる漫画やアニメのブームもあってか、しばしばその関係の研究論文が目に付くようになり、それ専用の小辞典も出版されるまでになりました。文体を論じる本書で、この役割語を取り上げるのは、文体（話体）の構成要素とみなされているからです。はたしてそれが妥当なのかについて検討することは、逆に、文体という概念の捉え方を再確認するための重要な手掛かりになるという見通しがあります。

第4章の「文体諸相」は、理論編と検証編の橋渡し的な役割を果たす内容になっています。その前半は、「諸相」にふさわしく、それぞれ異なるジャンルの文章の文体を論じる研究を紹介しながら、文体とジャンル、実用文と非実用文、類型性と個別性などの関係についての説明を試みたものです。後半は、文体の問題として取り上げられることがほとんどない脚本の具体例（向田邦子「あ・うん」）

を取り上げ、どういう表現が文体と結び付きうるかについて、同作品の小説版と比較しながら、分析してみました。せりふ中心の脚本と地の文中心の小説では、もちろん表現構成が異なりますが、それを越えて認められる書き手の文体の可能性を見出そうともしてみました。

第5章の「文学文体」は、これまでの文体研究のまさに王道とも呼べるものです。文学のために文体がある、と言っては言い過ぎですが、文学は文体が命と信じる作家も少なくありません。その代表格として村上春樹を取り上げ、彼の文体意識がどのようなものであり、それが作品においてどのように実現しているか、あるいは実現していないかを確かめてみました。その中でとくに重要な文体の基盤となるのが「ぼく」語りです。その検証・確認のために、彼に先行する「ぼく」語りの庄司薫の作品との比較をとおして、文体を形作るものは何かを考えるという内容です。

第6章の「文体模倣」は、言葉遊びの一種とされ、それ自体としては日本でも古くからの歴史があります。最古の歴史書である『古事記』も、漢文の模倣と言えなくもありません。現代でも、文体模倣の例文集がブームになることがあります。このような文体模倣は、じつは、単に文章の遊びとしてだけでなく、文体というものを考える材料としても格好のものです。文体の要素としての表現上の特徴を際立たせるからです。そのことを、文体模倣のお手本とも言われる、フランスのクノーの『文体練習』や、日本の和田誠の『倫敦巴里』などでの例をできるだけ沢山取り上げて、示してみました。

最終章となる第7章の「文体教本」は、教科書や一般書において、文体がどのように扱われているかを調べてみたものです。結果は、文体について、肝腎なことは何も語られていないという、驚くべき事実でした。とりわけ驚かされたのは、中・高の国語教科書です。「文体とはこれこれのことを言う」という説明がどこにも見当たらないのです。一言で説明できることではないというような言い訳が予想され、それはそれで分からなくもありませんが、用語説明自体の問題ではありません。文章の表現および理解の能力養成に力を入れるならば、どのような形であれ、文体なるものについての説明を抜きにしてはできないはずです。一般から専門にも及ぶ文体概念の混乱の元凶は、このような教育実態にあったのではないかとさえ思われます。

しかし、今からでも決して遅くはありません。本書を読めば、文体がどのようなものであるか、それが文章にとってなぜ大切なのかが分かるようになります（と思いたい）。学校では文体について学べそうもない生徒や学生の方はもちろん、「「文は人なり」だよ。」などとしたり顔で語っているかもしれない一般の方、そして、文体などどうでもよいと考えていそうな日本語研究者の方に、本書を手に取ってもらえればと願っています。

第1章　文体規定

1　文体

(1)

「文体」という語について、井上ひさし（一九八四）は、次のようにおおげさに嘆く。

これほど中味の曖昧な語はそうざらにはないからだ。正確な語釈が与えられたことがないので、うなぎを摑み、それを竹刀がわりに撃剣の稽古をさせられているように心もとない思いをしなければならなくなるのである。まったくこの「文体」という語は、「戦争」や「平和」や「自由」などと肩を並べる現代の怪物語《かいぶつご》の代表格である。捉えどころがないという点では現代の妖怪の大親玉、その極め付けといってよかろう。（一九三〜一九四頁）

そのうえで、諸説を整理して、以下のように「文体」の意味を四つに分類してみせる。

一　文章形式（文章の外見上の特徴）

二　文章流儀（書き手の個性のあらわれ）
三　文章成果（（二）がうまく行くと、この（三）が実現する。文学上の最上の成果としての文体）
四　文章様式（その文章を手本にすれば、その時代の人びとがそれぞれ自分の内的経験を表現できるかもしれない、とそう思い込むような、その言語共同体の手本になるような文体）

（二〇三頁）

このうち、（一）はことばそれ自体、（二）以降は、それに対する評価が加わり、その評価が次第に高くなったものを、「文体」と称していると見ることができる。作家としての（そして今から三〇年以上前の）立場からの分類であるから、これらが文章とりわけ文学における「文体」を中心にした分類であることは、明らかである。彼が諸説として取り上げているのも、そのほとんどは文学者あるいは文体研究者のものであり、今もなお、文学に関しては、次のような発言が見られなくはない。

文体は小説の生命線だ。新鮮な着想があろうと、魅力的な人物が登場しようと、興味津々のプロットが展開されようと、それらを運ぶ文章に独自の文体がなければ文学は文学として自立しえない。しかも文体は作者の人間性と分かちがたく結びついており、創《つく》り出そうとして容易に創り出せるものでもない。小説の困難と魅惑がそこにある。

（松浦寿輝（二〇一三））

（2）

それでは、一般的に「文体」はどのように説明されているのだろうか。

国語辞書の大方は、その語釈の冒頭文が、たとえば「文章の形式・様式」（『大辞林』第二版）や「文章の体裁や様式」（『新潮日本語漢字辞典』）などのようになっている。これは、「文体」という中国語本来の用法をふまえたものであり、「形式・様式・体裁」などという「体」の言い換えも、目的・用途別の文章の「書式」の意に近く、実際的・限定的である。先の井上の分類に従えば、（一）に相当し、これだけのことならば、「文体」の定義がとやかく言われることにはなるまい（ただし、福井佳夫（二〇一〇）によれば、本家の中国においても「この文体学なる学問、かんじんの「文体」の内容規定が、現在でもあいまいなまま」（八七頁）とのことである）。

問題になるのは、専門語としてである。日本語に関する専門辞書を見てみると、たとえば「広い意味での言語表現の特徴」（『国語学研究事典』遠藤好英執筆）や「言語表現の様相にもとづく特殊性」（『国語学大辞典』市川孝執筆）などのようになっている。これらの説明から、一般語としての「文体」との違いを挙げれば、次の二点が指摘できる。

一つは、その対象が文章なのか、言語表現一般なのか、もう一つは、一般的には、形式・様式・体裁であるのが、専門的には、特徴・特殊性となっている点である。

(3)

一般と専門の違いの第一点であるが、一般的には、「文体」の「文」の表すとおり、文章に関して用いられるのに対して、専門的には、文章だけでなく談話についても用いられる。また、「文章」というのは言語単位の一つであるが、「言語表現」とする場合は、それ以下の単位（文、発話、語、音節、文字など）にも適用される。これには、漢語由来の「文体」としてだけではなく、それがstyleの訳語にも当てられたことが関係しよう。実際、談話が取り上げられる場合には、「文体」を避けて「スタイル」という外来語が用いられることが多い。

もう一つ、形式・様式・体裁か、特徴・特殊性かという点であるが、この専門語としての規定には、言語表現（の様相）そのものの特徴・特殊性が「文体」なのか、そしてその特徴なり特殊性なりはどのように認定されるのかという問題がある。

前者すなわち特徴・特殊性＝「文体」については、いわゆる類型的文体あるいは文章史的文体などと呼ばれる、たとえば「仮名文体」や「和文体」、「デアル体」、「口語体」などについてなら、まさにその言語表現の特徴・特殊性がそのままそれらの名称どおりの「文体」とみなされていると言うことができる。

しかし、これらは言語表現そのものの類型分類上の便宜であって、一般語の用法の延長にすぎない。厄介なのは、「文体」がそれだけにとどまらず、井上の（二）以降の意味も有するものとして用いられる点である。それはつまり、各名称に示される特徴や特殊性がその文章においてどのような意図あるいは効果を有するかということである。

ここで、なぜ意図なり効果なりが問われるかといえば、文体は、コミュニケーションにおける、送り手であれ受け手であれ、当事者のなんらかの選択の結果として見出されるものだからである。

たとえば、書簡体という「文体」は、書式・体裁という一般的な意味を表すが、その書式・体裁をとるべき目的・用途に即すという「意図」があるという点において「文体」となるのであって、単に書式だけのことをいうわけではない。

したがって、個々の言語表現（の様相）の特徴・特殊性そのものは、そういう意味での文体を具現化する「文体因子」あるいは「文体素」として位置付けられるべきものである。

「文体」に関する新たな定義を試みた中村明（一九九三）は、文体を「表現主体によって開かれた文章が、受容主体の参加によって展開する過程で、異質性としての印象・効果をはたす時に、その動力となった作品形成上の言語的な性格の統合である」とする。ここにいう「言語的な性格の統合」とは、そこから得られる「異質性としての印象・効果」と表裏の関係にあり、そのような、なんらかの印象・効果をもたらさなければ、文体に関わる言語表現の特徴・特殊性とは呼びえない。

以上から考えれば、一般辞書でも専門辞書でも、「文体」として規定しているのは、実は文体因子のことであって、文体そのものではない、ということになる。なお、逆説めくが、文章レベルでは、このような、文体因子＝文体という考え方が流通しているが、単語レベルで、中心的な意味に対する、イメージとか語感とかニュアンスとかをまとめて「文体的特徴」と称しているもののほうが「文体」そのものの概念に近いのである。

それでは、文体そのものとは何か。中村明（一九九三）の定義もふまえれば、コミュニケーションにおける、送り手と受け手と言語表現の三者の関係性のことである。これを、送り手側に即せば「文体意図」、受け手側から言えば「文体印象」、そして言語表現については「文体因子」ということになり、その総体が「文体」なのである。

(4)

言語表現の特徴なり特殊性なりがどのように認定されるのかについては、言うまでもなく、他との相対的な比較によってであるが、問題は何と比較してかである。そこに、それらの類型性と個性という問題が浮かび上がってくる。特徴・特殊性と言えば、普通には類型性ではなく個性のほうと結び付けて考えられやすいからである。

前田富祺（一九九〇）は、「文章の一般的・普遍的な性格を考える立場を〝文章論〟と呼び、文章の個別的・個性的な特質を考える立場を〝文体論〟と呼ぶ」としたうえで、例として挙げた二種の書簡文について、次のように述べる。

〔I〕の俗文と〔II〕の漢文とは、文体の違いがあると呼ばれることがある。しかし、この場合、〔I〕の文章でまとめるか、〔II〕の文章でまとめるかということは、文章をまとめる人の個性によるのではなく、書簡を出す人がどういう目的でどういう場で用いようとしているのかという位相によるところが多い。このような文章の特色を文体と区別するために、文章体と呼ぶことにしたい。文章体というのは、文章をまとめる意図や位相などによって選ばれた特定の文章類型を指すのである。文章体は、ある時代の共時的な文章体系の中ではそれなりの一般性を持っているわけで、その点では文章論の中の問題として考えるべきであろう。（八頁）

これによれば、目的や場面のことを「位相」とし、それに基づき対応する文章の類型を「文章体」とし、「文体」はそれに対する個性を示すことになる。つまり、従来の「文体」が文章の類型と個性の両方を指していたことを問題視し、個性のほうのみに限定するということである。

「位相」については後回しにして、ここで考えたいのは、文体ははたして個性なのか、ということである。

時枝誠記（一九六〇）は、「文体の概念は、文章に対する類型認識の所産である」とする。この考えは、個性と結び付く特徴や特殊性とは一見対極的に見えるものの、ある類型は他の類型が存在することによって初めて認定できるのであり、したがって、そのそれぞれの類型は相対的になんらかの特徴・特殊性つまり個性と認められるものを持っているからこそ、区別・分類できるのである。

換言すれば、個性とは、ある文体の特徴を外向きにいうものであり、類型性とは、それを内向きにいうものである。

その際、それら全体にかかる標準的あるいは普遍的な文体というのは存在しえない（日本語の範囲内での文体を考えるならば、日本語という文体は想定されるが）。ただ、それぞれの文体として認められる類型の中に、結果的にその特徴が典型的に表れているものと、それほどではないものとが連続的にあるだけである。

いわゆる個性的文体として、特定の書き手・話し手あるいは文章・談話が取り上げられることがあるが、ここでいう個性とは、類型性をとらえるサイズの小ささをいうものであって、その書き手・話し手あるいは文章・談話の中においてもまた、特定の類型性は認められるのである。そうでなければ、同一の書き手・話し手あるいは文章・談話という、一つのまとまりとしての対象とはなりえない。

以上から、文体とは、個性であり、かつ類型であるということができる。従来、類型的文体と個性的文体とは別々に論じられてきたが、それはどちらの方向を向いた観点に重点を置くかの違いであって、文体それ自体に本質的な違いがあるわけではない。

ついでに言えば、従来の類型的文体と個性的文体は、前者は言語表現の事実のみに即した特徴が、後者は書き手（話し手）か読み手（聞き手）個人あるいは個々の文章（談話）における言語外の（意図や効果という）特徴が、それぞれの「文体」とみなされてきた。しかし、先に述べたように、この両者は表裏の関係にあるのであり、前者は文体因子のみについて、後者は文体因子抜きで文体意図あるいは文体印象を問題にしてきたのである。

2　位相

(1)

文体との関わりが深い「位相」という言葉についても、説明しておきたい。じつは、研究者の間でも、しばしば「文体」と「位相」が混同して用いられ、それが「文体」という語を余計、混乱させているからである。

「位相」とは、コミュニケーションにおける、言語以外の属性や条件などによる言語表現の類型（パターン）のことをいう。この類型としては、おもに表現主体たる人間の属性としての、年代・性別・職業・階層などという、ある程度、社会的に固定的なものに対応して認められるものである。たとえば、語彙の分類として取り上げられる、幼児語や若者言葉、男性語と女性語、専門語や隠語、大人語や学生言葉などが、それに相当する。これらの位相における語つまり「位相語」というのは、それぞれの位相という言語外的な使用条件によってのみ類型化される語彙のことであって、その語彙自体の内在的な特徴に基づくものではない。

この言語外的な条件と言語との関係は、その条件に基づく必然的・現実的な関係である。つまり、こういう人だから、あるいはこういう場だから、こういう言葉を用いる、というような関係として規定され差別化された語が「位相語」なのである。その「～だから」という条件にあてはまるとみなされる表現が、たとえば、子どもらしさ・女らしさ・専門家らしさ・大人らしさ、あるいは誰それらしさなどのように、それぞれの「らしさ」として評価される。

以上は、送り手を中心とした位相の、言葉における「らしさ」であるが、受け手も含めた「場面」という位相もあり、それによる言語表現の類型も認められる。

場面を構成する要素は、コミュニケーションの目的・状況・人間関係など多様であり、それぞれに応じて用いる言葉に異なりが見られることがある。この点を捉えて、田中章夫（一九九九）は、位相の分類として「様式的位相」というのを設け、「書き言葉・話し言葉、文章のジャンル・文体、場面・相手、伝達方式」という四つを挙げている。これらは、送り手自身の属性とは異なり、コミュニケーションのあり方・様式として見ることができ、それぞれの位相に応じた「らしさ」を実現する言語表現の類型があるということを示している。

(2)

金水敏（二〇〇三）は、「役割語」という新概念を提唱するにあたり、それと位相語との違いについて、次のように述べる。

言葉の位相（差）は、「現実」（リアリティ）における様相・差異を学者が研究することによって得られるのに対し、役割語は、私たち一人一人が現実に対して持っている観念であり、いわば「仮想現実」（ヴァーチャル・リアリティ）なのである。（三七頁）

これによれば、位相語と役割語とは、現実か観念かという違いはあっても、その基本的な捉え方は共通しているとみなされる。しかし、この両者は、表現主体と使用語彙との関係において決定的に異なる点がある。すなわち、前者は一次的・必然的な関係にあるのに対して、後者は二次的・選択的な関係にある、ということであり、この二次的・選択的な関係とは、すなわち文体に他ならない。

金水（二〇〇三）は、「ある特定の言葉づかい（略）を聞くと特定の人物像（略）を思い浮かべることができるとき、あるいはある特定の人物像を提示されると、その人物がいかにも使用しそうな言葉づかいを思い浮かべることができるとき、その言葉づかいを「役割語」と呼ぶ」と規定する。これは、「らしさ」を取り上げている点において、さきほどの位相語の説明と重なるように見えるかもしれない。異なるのは、その特定の言葉づかいをするのが、まさにその特定の人物当人なのか、別の人物なのか、である。前者ならば、一次的・必然的な関係としての位相であり、後者ならば、二次的・選択的な関係としての文体である。

言い換えるならば、その当人がとくに意識することなく、そのらしさがそのまま言語表現に「出る」場合が位相であり、別人が意識的に自分とは異なる人らしさを「出す」場合が文体、ということである。

この点について、二つほど補足をしておきたい。

一つは、その当人であっても、自分らしさを出そうと意図した表現であれば、それは文体になりうるということである。ただ、その自分らしさが究極的な個人らしさならともかく、社会的にはさまざまな位相に属し、かつさまざまな位相においてコミュニケーションをとるのが普通であるから、その中からどの位相の言語表現を選択するかという時点で、すでに文体意図が認められることになる。

もう一つは、これまでの説明から、位相と文体は、同一の言語表現に対する、単なる視点の違いのように思われるかもしれないが、それはごく一部にすぎないということである。位相はあくまでも表現主体における社会的な属性あるいはコミュニケーションの場面的な条件一般に関する「らしさ」についてのみ用いられるのであって、個人における、あるいは個々のコミュニケーションの「らしさ」にまでは及ばないのである。

3　日本語という文体

(1)

一口に「日本語」と言っても、まずは、その日本語が、いつ、だれが、どこで用いる（た）日本語なのか、というところから、本当は考えなければならない。この問いは、もとよりそれらによって異なりがあることを想定していて、その異なりのそれぞれ、あるいはすべてを含んで「日本語」であるとも、その異なりを超えて共通普遍に認められるものが「日本語」であるとも言うことができる。ただ、どちらにせよ、また範囲や程度の差はあれ、実際に「日本語」を論じようとする場合には、その論じ手個々の知りえた、あるいは用いる日本語でしかないのであるが。

「文体」が取り上げられるのは通常、同一言語内におけるそれであるが、各言語相互の関係において論じられることもある。フランスの言語学者バイイ、Ｃｈ．（小林英夫訳一九四一）が提唱した文体論における、「内的文体論」に対する「外的比較文体論」がそれに相当する。「日本語という文体」と言うとき、それは他の言語と比べての日本語全体の文体、言い換えれば日本語の日本語らしさ、ということになる。

言語と人間あるいは文化との関係の捉え方として、特定言語における諸要素の構造を中心に、それ自体が、それを用いる人間あるいは文化のありようを反映しているというものがある。この捉え方からすれば、日本語らしさが、そのまま日本人らしさ・日本文化らしさを示すことになる。それに対して、日本語の構造ではなく、その運用の仕方が、日本人らしさ・日本文化らしさを表すという捉え方もある。運用の仕方というのは要するに、日本人相互のコミュニケーションのあり方であり、さらにはその基盤としてある日本の歴史的・社会的特質とも深く関わってくる。

一時期、日本語論がブームになったことがある。通俗的にはもちろん学問的にでさえも、結果的には日本語らしさを指摘することが日本（人）らしさを論じるものとなった。たとえば、赤祖父哲二他編（二〇〇〇）も、そういう試みの一つとして挙げられるだろう。それらの議論は、さきほどの説明からすれば、日本人と日本語の関係を、「位相」という必然的な関係として捉えがちであることを示している。

(2)

具体例を挙げてみたい。次は、清水義範（一九八八）の短編小説「永遠のジャック&ベティ」の一節である。

①「あなたは元気ですか」
「はい、元気です。あなたは元気ですか」

「はい。私も元気です。あなたは子供を持っていますか」

「はい。私は一人の息子を持っています。彼はハイスクールの生徒です」

「あなたは彼と暮らしていますか」

「いいえ。彼は私の母と暮らしています。あなたは私の母を覚えていますか」

「はい、私は覚えています。十二歳の時、あなたに紹介してもらいました」

「彼女もまた、あなたのことを覚えています」

「彼女は元気ですか」

「はい、元気です」

「あなたのお父さんは元気ですか」

「いいえ、彼は死にました」

「オー、悲しいことです」


この会話のやりとりについて、次の三点を確認しておきたい。

第一に、これがともかくも日本語であり、内容は理解できること、第二に、日本語そのものの使い方としては間違っていないこと、第三に、しかし、日本語の会話としては不自然である、つまり日本語らしくないこと、である。

もう一つ、今度はカーヴァー、L・（村上春樹訳一九八六）の短編小説「ダンスしないか？」の一節。

②

「近所の人たちが見てるわ」と彼女が言った。

「かまうことないさ」と男は言った。「うちの庭なんだ」

「見させときゃいいのね」と娘が言った。

「そのとおり」と男が言った。「奴らはここで起ったことは何でも一応目をとおしてきたつもりなんだ。でもさ、こういうのって見たことないはずだよ、きっと」

彼は娘の息づかいを首筋に感じた。

「あのベッド、きっと気に入ると思うよ」

娘は目を閉じ、それから目を開けた。

彼女は男の肩に頬を埋めた。そして男の体を抱き寄せた。

「あなた、やっぱりやけっぱちになってるのね」と彼女は言った。

②のほうが、①よりもはるかに日本語らしく感じられるだろう。それでもなお、多少の違和を感じるという人もいるかもしれない。

①が、初級レベルの英語の教科書に出てくる英文を日本語に直訳した形で、意図的に表現し

たものであること、つまり文体としてそれが選択されたことは明らかである。それでは、どこが、何が不自然なのか。日本語が話せる人ならば、たちどころにいくつか挙げることができよう。

たとえば、主語の有無。①では、人を指し示す代名詞による主語がほとんどの文に見られるのに、②では、適当に省略されている。日本語の会話なら、当事者間でそれが誰か分かりきっている主語は省略されるのが普通であり、それが日本語の特色ともされる。

この点に関して、楳垣実（一九七五）は、「英語の場合は人間を主語とした表現が多い」のに対して、「日本語では、たとえ主語を表現する場合でも、人間を表面に出さないで、事物を主語とする」と説明する。また、池上嘉彦（一九八二）は、「英語は〈人間〉的な項を際立たせて表現する傾向が強い言語であり、一方、日本語は〈人間〉的な項をあまり目立たせないままにとどめる志向性がある」と指摘する。

ところが、「日本語は人間中心の発想をする言語であ」り、「ヒト主体の文で表そうとする」傾向があって、「主体者が判然としている場合、むしろ文面にいちいち表さないところに特色があり」、それは「主体者ヒトが際立ちすぎるから、それを嫌ったものと思われる」という見方もある（森田良行（一九八五））。

文の主語という点についても、角田太作（一九九一）は、「少なくとも、私が文法機能について調べた言語の中では、英語の主語が最も、しかも、圧倒的に強い。主語が非常に強いという点で、英語はかなり珍しい言語であると言えるかも知れない。逆に、日本語は、主語があまり強くないという点で、きわめて普通の言語であるかもしれない」と述べる。

現象として認められることは同じであっても、その捉え方は、このようにいろいろである。日本語における人間主語の省略という傾向が、人間非中心の考え方によるのか、その逆なのか、また、そのような現象は日本語の構造に基づくものなのか、その用い方に左右されるものなのか、そしてそれを日本語に固有の特色・日本語らしさ、つまりは日本語という文体を特徴付けるものなのかどうか、一概には言えなさそうである。

(3)

「日本語らしさ」というものをイメージするとき、その人の頭の中には、前提となる、なんらかの規範・標準とする日本語があるはずである。ということは、日本語らしさとは何かを問うことは、そういう日本語とはどういうものかを問うことに他ならない。

もともと、そして今も、日本語はハイブリッド（雑種）言語であることは、よく知られている。日本語の起源、いわゆる大和言葉の成立自体が、孤立的でも系統的でもなく、北方と南方の言語の混合によるものであり、その後もとくに二つの言語の大きな影響をもろに受け続けてきている。その一つが中国語であり、もう一つが英語を主とした西欧語である。これらの影響は、音声・文字・語彙・語法、構文など、日本語の各要素におけることだけでなく、文章・談話というコミュニケーションのレベルにまで及んでいる。

中国語の文章つまり漢文について、山口佳紀（一九八九）は、「日本人にとって、外国語の文であると同時に日本語文でもあるという二重の性格をも」ち、「一種独特の性質を有する漢文体という文体は、長い間、最も格式の高い文章様式として認められ、（略）重要な役割を果たし続けたのである」と説く。ここでは、とくに「漢文体という文体は」「最も格式の高い文章様式として認められ」てきたという点に注意しておこう。

また、西欧語の文章に関して、柳父章（一九七八）が、「直訳を典型とする翻訳日本文は、いろいろな点でふつうの日本文とは違った、いわばもう一つの日本文である、と私は考える。（略）それは、不完全ながら一つの体系を持っており、伝統的な日本文と混在しながら、だが、たやすく判別可能な、独立した形を持っている。それは、ふつうの日本文と違っているように、また西欧語の文とも違っている」という見方をしている。「翻訳日本文」が「ふつうの日本文」

あるいは「伝統的な日本文」とは違いながらも、ともかく「日本文」として認知されてきたということである。

つまり、日本語のとりわけ文章においては、相手が中国語であれ西欧語であれ、それもどきの、あるいは翻訳の文章もまた日本語の文章として、それどころか規範的なあるいは創造的なものとみなされてきたということになる。

ただし、翻訳による日本語の文章は、一般の日本人にとって、普通の日本語らしくない文章であるという違和を感じさせるのは事実であろう。性質を異にする言語をできるだけ忠実に日本語に置き換えようとすれば、それはむしろ当たり前のことであって、その普通とは異なるという違和感こそが逆に、それらを、日本語の文章における規範性あるいは創造性を持つものと意識させることになった、と考えられなくもない。

（4）

ひるがえって、翻訳ではない日本語というものも想定されるが、それでは、特別に規範的でも創造的でもない、ごく普通の、日本語らしい文章とはどういうものなのか。

中村保男（一九八二）には、「英語では、非常に多くの場合、標準的文体がそのまま使われるのに対し、日本語、特に私的な日本語表現では、文体が不安定で絶えず流動しているのだ。文体の基準が確立している英語に対して、日本語ははなはだ気分的な要素によって常に標準文体からの逸脱が起っている、と言うよりも、そもそも文体基準という概念または感覚が希薄なのである」とある。

サイデンステッカー、E．G．（安西徹雄訳一九八七）もまた、「日本語の種々相は、翻訳すると――少なくとも英語に訳すとあらかたは消えてしまう。なるほど現代的な文章と、故意に擬古的な文体の違いくらいは英語でも出せるだろうが、そのほかは、敬語も方言も女言葉も、翻訳では消えてしまわざるをえない」と述べる。

これらからすると、文章における日本語らしさというのは、個々の文章において認められるのではなく、その総体としての多様性または無規範性のほうにあると言えるかもしれない。これは、翻訳としての文章の性質の際立たしさとは対照的であり、それ自体が日本語の雑種性にも通じると考えることができる。

雑種性とはいえ、少なくともネイティヴの日本人ならば、他ならぬ日本語らしさというものを実体として意識していると言う人もいるであろう。そういう意識を「母語感情」あるいは「母語意識」という。

亀井孝（一九八六）は、「母語と我々との間に深い内面的な契合が成立してゐて、ここからこれに対する特殊な感情が生れてきてゐるといふことは疑ふことができない。いまそれを母語感情と名づけることにする。かかる感情がうちにあるといふことを我々は偽り得ない」と言う。グロータース、W．A．（一九八五）も、「「ネイティヴ・スピーカー」が、自分の言語は特色のある言語だと感じるのは当然です。（略）自分自身の言語は、自分自身の文化とともに、自分の個性・自分の人格というものにつながっております。それは消すことができません」と語る。

とすれば、日本人も日本語に対して母語意識を持っているはずなのにもかかわらず、金田一春彦（一九八八）は言う、「日本人は日本語を母語として、それが有力なアイデンティティのからむ問題であることに気づかず、非常に呑気であ」り、「一時的に駐在するにすぎない日本人の家庭についてもこの傾向、つまり日本語を捨ててしまうという傾向が、他の国民より強いのはいかがなものであろうか。どうも総じて日本人は外国語に対して弱いようである。あるいは母語意識が弱いと言ってもよかろう」。

たとえば、志賀直哉。篠田一士（一九八三）によれば、「戦前から戦中、そして、戦後のある時期まで、志賀直哉の文章が日本の小説言語のもっとも基準的な文章だから、小説家たるもの、すべからく、これにあやかるべしといった風潮があ」って、その文章には「不思議なくらい、翻訳文の影が射しこんでいない」と評価されている。にもかかわらず、志賀自身が日本語はやめにしてフランス語に代えたほうがよい（フランス語ができなかったにもかかわらず！）と言ったことは、あまりにも有名な話である。

それに対して、谷崎潤一郎。同上の篠田（一九八三）によれば、「ヨーロッパ文学の翻訳詩文の存在が、大きく影を投げかけるどころか、彼らの書く作品の言語そのもののなかに滲みわたり、そこに駆使される日本語に、いわば、有機的な変化ともいうべきものをたえず与えつづけ」たと目される一人に挙げられている。にもかかわらず、谷崎潤一郎（一九三四）では、日本古来の陰翳の美を説き、「明治以来、われわれはもう西洋文の長所を取り入れるだけ取り入れたのでありまして、これ以上取り入れることは即ち垣を踰えることになり、我が国文の健全な発達のためには害を及ぼす、いや、既に及ぼしつゝあるのであります」などと虫のいいことを言ってのけている。

このように、小説家という、文章を書くプロ中のプロにして、母語である日本語に対する意識と実践との、また規範と運用との間の齟齬が認められるのである。

いったいに、日本人における母語意識は、自身のアイデンティティそのものよりも、外国語に対する優劣意識と結び付きやすいようである。中国語や英語などの翻訳の文章に対する意識の強さと、日本語らしい文章に対する感覚の鈍さも、このことと関連しよう。日本語らしさという一種の純血性あるいは伝統性を信じ、日本語の乱れを憂えるのも、じつは同根である。

(5)

日本人の言語意識や言語行動の特徴や傾向に関する数多くの指摘には、ほぼ類似の方向性が認められる。それらが根拠とするのは、共通して、日本という国の歴史的・社会的要因である。たとえば、島国として孤立していて、外敵のまともな侵入を受けていないこと、民族的にも言語的にもほぼ単一であることなどである。中根千枝（一九六七）は、「とにかく、現在の学問の水準でさかのぼれる限り、日本列島は圧倒的多数の同一民族によって占められ、基本的な文化を共有してきたことが明白」であると言う。

このような社会は、「人びとが集団意識を強くもち、おたがいにホットな人間関係で結ばれていー」て、「そこでは特定の行動規範が制度化されており、人びとは多くの経験とそれにもとづく知識を共有している。その結果、コンテキストのなかで「さっし」がきくようになる。こうなると、ことばは縮略化し、暗示的になる。それでも十分に意味が通じるのである」（本名信行（一九九〇））。

そのうえで、「日本人は、外国からさまざまな技術をとり入れ、一つの時代から一つの時代へ一八〇度の転換を行いつつ、日本人という主体は少しも変わ」らず、「多様な文化を組みあわせ、どれが日本の文化かわからぬ〈雑種文化〉をつくり上げた」（岡田晋（一九七二））。言葉についても同様であり、「日本語の特異性とは、言語それ自体に求められるものではなく、むしろ日本人と日本語の独占的閉鎖的な結びつき方、そして諸外国との言語交流の恐るべき片貿易性において理解されるべきだ」（鈴木孝夫（一九七五））ということになる。

以上のようなことが、日本あるいは日本語以外でも認められるのかどうか、寡聞にして知らない。ただ、日本で暮らす場合、そしてその限りでは、日本人や日本語における内と外との関係、すなわち内への融通と外への疎隔は、国際化が叫ばれている現代でもなお、大きな変わりはないように思われる。

このようにして、日本語は各種の要素を豊富化・多様化させてきたわけであるが、その結果、日本語の文章はどうなったのだろうか。日本では、当然のように、中国語や英語などの外国語を翻訳した文章も日本語の文章として認められてきたのであり、それらが、いわゆる普通の日本語の文章にも影響を与え、そのありよう、つまりは文章としての日本語らしさを変質させてきたはずである。たとえば、漢文の持つ簡潔性や、西欧文の有する論理性など。

しかしなお、それらがあくまでも日本語に比べての外国語の文章の特質である限りは、逆に日本語らしい文章とは簡潔でも論理的でもないという、相対的に否定的な性質を備えたものということになる。それこそがまた、日本社会のコミュニケーションにおける言葉の運用として、むしろふさわしくあり続けてきたともいえる。

ただ、従来、日本語の文章・書き言葉の歴史についてもっぱら問題にされてきたのは、そういうことよりも、談話・話し言葉との乖離・懸隔のほうであった。文章における漢文体に対する和文体、あるいは文語体に対する口語体、雅文体に対する俗文体などという文体の区別は、本質的には文章と談話、書き言葉と話し言葉との関係に基づくものであり、それらの混淆・折衷・一体化が、事実としても課題としても取り上げられてきたのである。

そして、外国語の影響というのは、主として文章・書き言葉におけるものであり、談話・話し言葉はそこから二次的かつ部分的に影響を受けてきたにすぎない。とすれば、日本語らしさは談話・話し言葉のほうにあると考えられるのであり、文章における日本語らしさとは、日本語の文章・書き言葉がどれほど談話的・話し言葉的であるかということになろう。

(6)

ここで、本節冒頭に挙げた例を、もう一度見てみたい。

①の、たとえば「あなたは元気ですか」に対する「はい、元気です。あなたは元気ですか」という応答からは、即座に英語の原文の表現を思い浮かべることができる。それがたとえ日本語の会話のやりとりとしては不自然であったとしても、英語を学習するには必要である、あるいは初期段階では自然でさえあるとも考えられる。

ここで重要なことは、それでも日本語として認められ、受け入れられてしまうということである。もちろん、普通の日本人同士がこんなやりとりをするとは考えられない。それでは、普通の日本人同士の自然な会話としてならどのような表現になるかというと、じつはひととおりでは到底済まないであろう。

すなわち、自然さとは、会話の当事者それぞれの性別・年齢・出身、そして両者の関係や場面などという位相に応じてさまざまに異なるからであり、そのそれぞれに応じて日本語らしくなるのである。このことはつまり、日本語らしさというのが、日本語そのものとしてではなく、それを用いる人らしさ、あるいはその場らしさと結び付けて捉えられているということに他ならない。

このように考えると、たとえば、日本語を習い始めた外国人同士という設定ならば、①のような表現によるやりとりさえも、いかにもそういう位相として、それらしく感じられることもありえよう。

②は①に比べて、日本語の会話としてこなれた、自然なものに感じられる。それは主語の有無ということだけではなく、たとえば「近所の人が見てるわ」や「かまうことないさ」などという、実際の会話に近い、性別や両者の関係をうかがわせる表現になっているからである。

それでもなお、②に多少の違和を感じるとしたら、それは、会話部分よりも地の文の表現に対してであろう。たとえば「娘は目を閉じ、それから目を開けた。彼女は男の肩に頬を埋めた。そして男の体を抱き寄せた」などという、反復性の強い生硬な表現や、「「かまうことはないさ」男は言った。「うちの庭なんだ」」などという、地の文の挿入のしかたなどである。

しかし、このような外国語をふまえた、違和感のある表現こそが、日本語の、とりわけ文学の表現に新たな可能性をもたらしてきたのであり、やがてそれらが定着して、文章一般や、さらには談話にまでも、とくに意識されずに日本語の表現として用いられるようになってきたのではないか。

つまり、日本語らしくないという違和感は、元来、保守性を持つ母語意識に抵触する段階、あるいは個人の段階におけるものであって、かならずしも不変的とも普遍的ともいえないのである。

そして、かりに日本語らしくないと感じられたとしても、翻訳か否かを問わず、文章の場合は談話よりも一般に、受け入れられやすいという事情もある。それは、談話に比べれば、言葉を手段とするコミュニケーションの場の拘束がゆるやかな分だけ、日本語表現としての許容性が高いからである。

さて、振り出しに戻って、日本語という文体はありえるのだろうか。そもそも、文体が選択的なものとすれば、日本語そのものを文体の一つとするには、他の言語も選択肢にできるのでなければ、つまりいわゆるバイリンガルあるいはマルチリンガルでなければ成り立たない。

かつての日本において、そういう選択が可能だったのはごく一部の人々であった。しかし今や、国際語としての英語の教育が小学校から導入され、大学や企業などでは英語のみを用いるというところも現れるという時代になった。この状況が一般化すれば、やがて日本語と英語が対等に文体としての選択肢になり、日本人同士であっても、それぞれのコミュニケーションに応じて、使い分けられるようになるかもしれない。それが実現したときに初めて、日本語という文体の価値・特徴も明らかになるであろう。

しかし、水村美苗（二〇〇八）は、次のように予想する。

そのとき、英語以外の諸々の言葉が影響を受けずに済むことはありえないであろう。ある民族は〈自分たちの言葉〉をより大切にしようとするかもしれない。だが、ある民族は、悲しくも、〈自分たちの言葉〉が「亡びる」のを、手をこまねいて見ているだけかもしれない。（五一頁）

4　現代日本語の文体

(1)

「現代」を第二次世界大戦後、「文体」をおもに文章について、にそれぞれ限定すれば、現代日本語の文体の、それ以前と比べてのもっとも大きな特徴は、口語化と多様化の二つであるといえる。

口語化自体は明治時代以降、進められ、その後期から大正時代にかけてほぼ達成を見たといわれるが、憲法をはじめとした公用文は、漢文訓読体を基本とした文語体のままであった。

たとえば、一八八九〈明治二二〉年に発布された大日本帝国憲法の勅語は、「朕国家ノ隆昌ト臣民ノ慶福トヲ以テ中心ノ欣栄トシ朕カ祖宗ニ承クルノ大権ニ依リ現在及将来ノ臣民ニ対シ此ノ不磨ノ大典ヲ宣布ス」という文に始まる。

それが、終戦の翌年の一九四六〈昭和二一〉年に公布された日本国憲法では「朕は、日本国民の総意に基づいて、新日本建設の礎が、定まるに至つたことを、深くよろこび、枢密顧問の諮詢及び帝国憲法第七十三条による帝国議会の議決を経た帝国憲法の改正を裁可し、ここにこれを公布せしめる」のようになる。

仮名遣いは旧のままであるものの、カタカナがひらがなになり、句読点が加わり、活用が文語から口語に代わるなどして、面目が一新されることとなったのである。

明治以来、引き継がれてきた法律の文章では、文語体がつい近年まで改訂されなかったが、その根本となる憲法の口語化は、当用漢字や現代かなづかいなどの制定とあいまって、公用文のみならず、社会的影響力の強い新聞・雑誌の文章や学校の教科書にも急速に及び、徹底するに至った。

今や文語体が用いられるのは、俳句や短歌などの文芸に限られ、どのような文章であれ、特定の語彙・語法を除けば、全体として文語体が採用されることは無くなったといってよい。

口語化の急速かつ徹底した普及は、やがて俗語化をもたらすことにもなった。かつての口語化は言文一致運動に見るように、もともと懸隔のはなはだしかった「言」（話し言葉・口語）と「文」（書き言葉・文語）に対して、文章の、とくに地の文の文語体を改め、話し言葉に近づけようとするものであった。

しかし、それでも文章と談話における言葉や表現は文体的にも位相的にもおのずと区別され、文章は規範性の高い語・語法から成るものと位置付けられていた。文章に話し言葉が取り入れられるとしても、それなりに改まりのある、あるいは新たに文章用に作りだされた言葉であった。

しかし、俗語化というのは、日常的な、くだけた話し言葉までもが文章に用いられるようになったことを意味する。この契機となった一つに、学校における作文教育の方針が、戦前までの定型的な模範文の模倣から、自分の普段づかいの言葉で思ったように書くことを重んじる方向に、劇的に変化したことがある。

一九七〇年代以降は、あらゆる旧体制的なものを否定する風潮もあって、文章に対する伝統的な規範意識にあえて逆らうかのように、文学においても俗語的な言葉づかいによる文章が脚光を浴びるようになり、「昭和軽薄体」と称される、まさに日常会話そのままのような文体の小説やエッセイなども見られるようになった。

さらに一九九〇年代からは、電子通信機器の進化・普及にともない、郵便に代わって、インターネットを通じてのやりとりが一般化し、現在に至っている。その文章においては、もはやかつての文章と談話、書き言葉と話し言葉という区別が意味を持たなくなりつつある。

たとえば、電子メールは、文字を用いて読む・書くという行為が行われる点では文章といえるが、紙媒体に手書きされていた文章とは異なり、日常会話にかぎりなく近くなり、書簡体としてあった体裁や形式もほとんどとられていない。チャットやツイート、ラインなどによる交信は、まさに会話を文字によって実現したものであって、もはや従来の文章というイメージや観念、文章ならではの制約や拘束がなくなってきているといえる。

このような変化は、文語体と口語体という文体の区別自体を相対化あるいは無化し、違うのは文字か音声かという媒体のみになったことを意味する。そして、それが社会的にも容認され、広く流通するようになったということでもある。

ところが、そのいっぽうでは、文章力の低下ということがしばしば問題にされる。これには、漢字が正しく書けるかという用字レベルから、文章としてふさわしい用語や言い回し、展開・構成ができるかというレベルまでが含まれる。つまり、談話とは異なる、文章には文章の文体があるという意識が今なお存在するということである。この意識はとりわけ実用文の文章において顕著であり、それぞれの用途・目的ごとに、おおむね経験則的に編み出されてきた文体による、文章の書き方のマニュアル本が数多く出版されていることからも知れる。

(2)

「現代の文体」の二つめの特徴である「多様化」というのは、文体の口語化をふまえたうえでの現象傾向である。戦後の民主化は、文章の口語化として現れただけではなく、個性の尊重すなわち文章の書き方の自由としても現れた。型にはまることを否定した作文教育が、反動のように、いかに個性的であるかを評価するようになり、また一般においても、個性を発露するものとして文章を書くという認識・意欲が強くなった結果、必然的に文体もそれぞれの個性の偏差として多様化することになった。このような個性としての文体は、文体の質や価値の如何を相対化し、多様であること自体に意義を認めることになったともいえる。一九七〇年代に盛んになった文体研究が主として、いわゆる個性的な文章の典型ともいえる、近代文学における文体のあり方の追求を目的とするものであったのも、このような状況を背景としていたと考えられる。

個性としての文体を実現するには、多様性の中にあって、さらにその顕著性つまり目立ち具合を示す必要があり、そのために、文章の書き方へのこだわりも強まることになった。それは単にその人そのままとしてではなく、どのように自分を見せるかという、たぶんに演技的な傾向を促すことになり、それはたとえばパロディーやパスティーシュなどの文体模倣の流行、「役割語」と呼ばれる特定位相の人物を喚起する言葉の創作や、電子メールにおける絵文字や顔文字の多用などに、端的に見られるようになった。

しかし、これらの個性的文体に寄与する方法や要素は何らかの創作性が意図される文章においては有効に機能するとしても、実用目的を持つ文章においては現代にあってもむしろ忌避され、各用途にかなった類型としてある文体にしたがうことが求められる。

つまり、現代の文体として、口語化そのものはほぼすべての文章にわたって標準化したといえるが、その多様化については、個性に傾く非実用的な文章に認められる特徴であって、実用的な文章に関しては、現代以前よりはその種類が細分化・多様化したとはいえ、あくまでも類型の範囲にとどまっているといえる。

参考文献

赤祖父哲二他編（二〇〇〇）『日・中・英言語文化事典』マクミランランゲージハウス
池上嘉彦（一九八二）「表現構造の比較」國廣哲彌編『日英語比較講座4』大修館書店
井上ひさし（一九八四）『自家製文章読本』新潮社
楳垣実（一九七五）『日英比較表現論』大修館書店
岡田晋（一九七二）『日本人のイメージ構造』中央公論社
カーヴァー、L・（村上春樹訳一九八六）『ぼくが電話をかけている場所』中央公論社
亀井孝（一九八六）「国語現象としての外国語の流入」『言語文化くさぐさ』吉川弘文館
金田一春彦（一九八八）「日本語はいかなる言語か」金田一春彦他編『日本語百科大事典』大修館書店
グロータース、W・A・（一九八五）「日本語には特色などない」国語学会編『外から見た日本語』武蔵野書院
サイデンステッカー、E・G・（安西徹雄訳一九八七）「日本語のおもしろさ」文化庁編『日本語と外国人』大蔵省印刷局
篠田一士（一九八三）「翻訳文の活力」中村明編『日本語のレトリック』筑摩書房
清水義範（一九八八）『永遠のジャック&ベティ』講談社
鈴木孝夫（一九七五）『閉された言語・日本語の世界』新潮社
田中章夫（一九九九）『日本語の位相と位相差』明治書院

谷崎潤一郎（一九三四）『文章読本』中央公論社
角田太作（一九九一）『世界の言語と日本語』くろしお出版
時枝誠記（一九六〇）『文章研究序説』山田書院
中根千枝（一九六七）『タテ社会の人間関係』講談社
中村明（一九九三）『日本語の文体』岩波書店
中村保男（一九八二）『翻訳の秘訣』新潮社
バイイ、Ｃｈ．（小林英夫訳一九四一）『言語活動と生活』岩波書店
半沢幹一（一九九六）「文章・文体」佐藤武義編著『展望　現代の日本語』白帝社
はんざわかんいち（一九九七）「文体から見た日本語らしさ」『日本語学』一六‐八　明治書院
半澤幹一（二〇〇九）「文体・位相から見た語彙史」金水敏他編『シリーズ日本語史２　語彙史』岩波書店
半澤幹一（二〇一八）「文体」の項、日本語学会編『日本語学大辞典』東京堂出版
福井佳夫（二〇一〇）「文体と文体学をめぐって—六朝を中心に—」『中京国文学』二九
本名信行（一九九〇）「日本語の文体と英語の文体」山口佳紀編『講座日本語と日本語教育５』明治書院
前田富祺（一九九〇）「語彙から見た文体と文字から見た文体」『国語語彙史研究11』和泉書院
松浦寿輝（二〇一三）「文芸時評」『朝日新聞』一二月二七日付け朝刊
水村美苗（二〇〇八）『日本語が亡びるとき』筑摩書房

宮地裕他編（一九八二）『講座日本語学8　文体Ⅱ』明治書院
森田良行（一九八五）『誤用文の分析と研究』明治書院
柳父章（一九七八）「翻訳の問題」『岩波講座日本語　別巻』岩波書店
山口佳紀（一九八九）「日本語の文体」同編『講座日本語と日本語教育5』明治書院

第2章　文即人也

1　「文は人なり」という格言

「文は人なり」という一文は、すでに一般に流通している一種の格言、あるいはことわざと言ってよいであろう。今もあちこちで目にする。

たとえば、たまたま読んだ雑誌『成城教育』（第一七六号、二〇一七年六月、成城学園教育研究所）に載った上野英二「文学の意義・再説」にも、「よく、「文は人なり」と言います。いかにもその人らしい「ものの言い様」、話し型、口癖、言いぐさ、文体……。その「ものの言い様」は、その人のボキャブラリーやそれらによって織りなされる思考法、発想法、表現法のパターンから生み出されるものです。人は、そういう、その人の「ものの言い様」を通してその人を理解する。そしてその人自身も、そうした自分独自の「ものの言い様」を通して、自分を自分として意識する。（略）人は、「文」無しには、つまり言い換えれば言葉無しには人として存在し得ないのです。ですから、「文は人なり」以上に、「人は文なり」ということになるのです。」のように語られている。

また、月刊誌『日本語学』（明治書院、二〇一七年五月号）に掲載された「ことば屋繁盛期」という連載の第五回のタイトルは、この「文は人なり」と似た「文章は人となりを表す―ＳＮＳ分析―」であり、ツイッターのビッグデータの解析によって、その用語と書き手の「人となり」とは相関があり、その「人となり」というのは、属性（性別、年代、職業、既婚／未婚、飲酒習慣の有無など）や性格（知的好奇心、誠実性、外向性、協調性、感情起伏）のことらしい。

「文は人なり」が格言もしくはことわざであるということは、その文言に一般的な真理が示されているということになるが、その真理とは、たとえば松村明編（一九九五）にあるように、「文章は書き手の人柄を表す。文章を見れば人となりがわかる」ということである。

より詳しくは、尚学図書編（一九八六）に、

> 文章はその書き手の人柄を示すものである。文章を見ればその書き手の人となりがわかる。一八世紀のフランスの博物学者ビュフォンが、アカデミーフランセーズの新会員となった際の入会演説「文体について」の中で言った、「**Le style est l'homme lui-meme.**（文体はその人自身である）」による。

と、由来まで紹介されてある。この由来によれば、「文は人なり」の「文」とはstyle＝文体の

ことであり、大方はそのように理解されているといえよう。つまり文体とは、文章に表われた、その書き手の人柄である、ということである。

試しにと、「「文は人なり」とは、どんなことを言うものか」という問いを、筆者の講義を受ける約一〇〇名の大学生に出してみたところ、当然ながら全員がその表現を知っていて、「文章はそれを書いた個人の人柄（性格・考え方）を表わすものである」という、辞典の解説と同じような回答がほとんどであった。

中村明（二〇一六）の第十章は「文は人なり――文体を語る作家の肉声」という、そのままのタイトルであり、その中で名文家の一人として取り上げられた大岡昇平の文章に関して、「作風はその人柄を反映することが象徴されている」「まさに〝文は人なり〟と思わずにはいられない」（二六八頁）のように、同様の意味で用いられている。

「人柄」が、「その人とつきあっていて自然に感じられる、性質（のよさ）」（金田一京助他編（一九九三））であるならば、「文は人なり」に関して、二つほど確認しておきたいことがある。一つは、「つきあう」相手は「その人」ではなく、その人の書いた文章であること、もう一つは、「自然に感じられる」ということである。

第一点は、文章を読みさえすれば、たとえ書き手自身のことは直接知らなくても、どういう人なのか、その書き手個人の性質が察せられるということであり、第二点は、「自然に感じられる」のであるから、書き手であれ読み手であれ、作為は認められないということである。

2　ビュフォンの入会演説「文体について」

(1)

ビュフォンの正式名は、Georges-Louis Leclerc, comte de Buffon。一七〇七年、フランス東部ブルゴーニュ地域圏にあるモンバールに生まれる。一七三九年、弱冠三二歳にして、植物学の業績により科学アカデミーの正会員に選ばれ、その後、一七四九年から『博物誌』（全三六巻）を出版し始め、その功績によって、一七五三年にはアカデミー・フランセーズの会員になった。両アカデミー会員のまま、一七八八年没。享年八一。

アカデミー・フランセーズは、一六三五年にフランス語の質の維持のために設立された王立組織で、その後、学問芸術振興一般を目的とするようになった。四十名の定員で、文筆家・学者・僧侶の三グループから成り、ビュフォンのように、科学アカデミー会員をも兼ねるのはきわめて珍しいことであった。

彼がアカデミー・フランセーズに推挙された『博物誌』の功績とは、その内容ではなく文章にあったという。ガスカール、P．（石木隆治訳一九九二）によれば、「彼は自著の内容が批判されたときも文体には賛辞が与えられたのを頼みとして、アカデミーに席を占めることを熱望した」（一二三頁）とのことであるから、本人もその点は十分に認識し、かつ自負もしていたのであろう。

「文は人なり」という一文が含まれた、「文体について」と呼ばれる、アカデミー・フランセーズ入会演説が行われたのは、一七五三年八月二五日、彼が四六歳の時のことである。件んの一文は、本論部分の全一六段落中の第一五段落に、次のように現われる（梅田祐喜（二〇〇二a）の和訳による。傍線は筆者による）。

ここで、規則よりも、規則の適用の方がためになるであろうとお考えのむきもあろうかと存じます。理論よりも、実例を示す方が多くを教えるとお考えかもしれません。しかし、皆様の著作を読みながら、あのようにも私を感動させた崇高な作品の、その断片を引用することは私に許されておりませんから、私は、考察することに自分を限定せざるをえないのであります。良く書かれた作品だけが、後世に残るのであります。知識の量、事実の特異さ、発見の新しさ自体は、不滅性の確かな保証ではありません。もし、それらを含んでいる作品がつまらぬ対象について展開され、趣味、高貴さ、才能なしに書かれているとするなら、それらの作品はたちまち消滅するでありましょう。なぜかと申しますと、知識、事実、発見は、容易に取り上げられ、運ばれ、もっと巧妙な手による作品のなかに移しかえられるにさえ至るからであります。それらのものが人間の外にあるものであるのにたいし、文体は人間そのものなのであります。文体は、ですから、取り上げられ、運ばれ、変質させられることができないのであります。もし、それが高められて、高貴で崇高なものであれば、著者は、どの時代でも等しく感嘆されるでありましょう。と申しますのは、持続することができ、永遠とさえ言ってよろしいものは、真実しかないからであります。思うに、美しい文体を美しい文体たらしめるものは、それが提示する無数の真実にほかならないからであります。美しい文体に結晶する知的な美しさのすべて、美しい文体を構成する関連のすべては、人間精神にとって、主題の内容をなすことができる真実と同じくらい有益で、そしておそらくそれ以上に貴重な真実の謂いなのであります。（五七頁）

もともとは、「それらのもの〔＝知識、事実、発見：筆者〕が人間の外にあるものであるのにたいし、文体は人間そのものなのであります。」という一文であったのが、その後半部分だけが独立し、しかも日本では「文は人なり」という表現となって流布したのである。

このことからだけでも、随分と意味合いの異なったものといえるのであるが、さらに意外なことに、小林英夫（一九七六a）によれば、「この有名な文句は最初の草稿には見出され」ず、「初期の版本の二・三のものには《le style est de l'homme meme》（文章は人間そのものにぞくする）と印刷されてある」（二五一頁）とのことである。

(2)

ここで改めて確認し強調しておきたいのは、ビュフォン自身は「文章は書き手の人柄を表す」などとは、一言も言っていないということである。

「Le style est l'homme lui-meme.」を文面どおりに解釈するならば、「l'homme」が意味しているのは、まさに人間一般であって、書き手個々人のことではなく、「lui-meme」も、人間それ自体のことであって、人柄という属性に限られない。

さらに、先の引用を読み返してみれば、ビュフォンが論じようとする「文体」は文体一般のことではなく、「高貴で崇高な」「美しい」文体であって、それこそが真実を提示し、また同時にそういう文章が内容の真実と同等の貴重な価値を有するゆえに、不滅性が保障されるというのである。したがって、それは人間なら誰しも可能なわけではなく、選ばれた人間による、選ばれた文章にのみ適用されるものである。

ビュフォンがアカデミー・フランセーズ入会演説において、このような意味での文体を話題にしたのは、既会員の文学者たちにオマージュを贈るとともに、自らの文才をアピールするためでもあったろうが、その背景には、形骸化しつつもなお権威を保持していた伝統的修辞学に対する痛烈な批判があった。

彼は、「文体は人間そのものなのであります」を含む段落に先立つ、第一一段落において、次のようにしつこいくらいに語る。

日常誰もが出会うことがらを奇抜に、あるいは華美に表現しようとして払う苦労ほど、自然の美しさに対立するものは他にありません。これにもまして著者を堕落させるものは他にありません。新たな音節の組み合わせを作り出そうと数多の時間を費やしたにもかかわらず、誰もが知っていることしか言っていないのですから、著者を憐みこそすれ、感嘆するものは誰もいません。こうした欠点は、耕されてはいるが不毛な精神の人々のそれであります。なるほど溢れるほどの語彙を持ち合わせてはいるのですが、彼らには思想がありません。なるほど、彼らはことばと格闘しております。そして、文節を整え言葉を純化したわけだから思想を編み上げたいと思いこんでいるのでありますが、実際は、ことばの真の意味をずらすことによって言葉を乱したにすぎません。このような著者たちは、文体をもっていません。あるいは、こう言ってよければ、彼らのもっているのは文体の影にしかすぎません。文体は、思考を彫り刻むものでなければなりません。しかるに彼らは、ことばをなぞることしかできないのであります。

（梅田（二〇〇二a）五五頁）

したがって、内容空疎な、いわゆる美辞麗句をちりばめた文章に対して、ビュフォンの主張する文体のあり方は、それ自体としてはきわめて正当であったといえよう。そこには、措辞のみにこだわる個人・個性の文体を越えた、普遍的かつ理想的な文体が希求される、フランスの啓蒙主義的な時代の必然性があったのであり、ビュフォンが入会演説にあえて異例にも文体の問題を取り上げたのは、その先導役を果たすことが、アカデミー・フランセーズの使命と考えたからではないかと想像される。

「かくして」、ガスカール（石田訳一九九一）は言う、「文体についてのビュフォンの演説はわが国の文学上の記念碑とは言わぬまでも基本図書と見なされ」、「科学が大衆に与える真摯なイメージと文体の高貴さに助けられて、ビュフォンはさながらフランス散文の太陽王になったのである」（二〇一頁）。

3 「文体」の捉え方

(1)　ビュフォンの件んの演説を翻訳するにあたって、小林英夫（一九七六ａ）は、「style」をわざわざ「文章」と訳し、その注に次のような説明を付している。

この語は風俗史や美術史などでは「様式」と訳されるが、言語的表現にかんして近代的意味に、すなわち作家の性格の反映という意味にとられたばあいは、「文体」と訳すのが適当であるが、ビュフォンにあっては、作家の性格とは無関係であり、思想の言語的・文字的表現一般の意であるから、「文章」と訳すべきである。（二四四〜二四五頁）

また、中村栄子（一九八九）も、「「文体は人間そのものである」というのは、「個人的なものである」ということでも、「個性を反映している」ということでもなく、「普遍的存在としての証し」なのである。ただし、「理性的な思考によって、理念を明瞭に表現することができれば」というわけである。」（一六頁）と述べ、梅田祐喜（二〇〇二b）も、次のように説く。

ここでわかることは、「**自然**」と対比することによって人間が現われ、定義されているということです。（中略）このような定義から、あの有名ないいかたが生まれます。「**文体は人間そのものである**」という定義です。このことばが、「文は人なり」ということばで知られているものです。これは、巷間いわれるように、各人は各様の文体をもつ、ということではありません。誰にも特有な文体があるとすれば、そもそも文体についてビュフォンはことさら論をかまえる必要もなかったでありましょう。それに、原文を注意して読めば、ビュフォンはそれまで「著者 **l'auteur**」という言い方をしてきて、ここで突然、「人間 **l'homme**」ということばを使うような、雑な書き手ではないということがあります。「自然」を背景において、人間が考えられ、定義されたということなのです。（三三頁）

にもかかわらず、なぜビュフォンのこのような「文体」の捉え方が変化してしまったのであろうか。

ガスカール（石田訳一九九一）は、やや皮肉めかして、「「文体は人間自身に帰属する」とビュフォンはアカデミー会員を前にして言う。この定式はおそらくかなりかけ離れたいくつもの解釈を許すために、そしてさらにはいくつもの歪曲を蒙ったために（人はよく「文は人なり」という形で引用する）、有名になった。雑多なものをのみ込んでしまう箴言の幸福――あるいは不幸――である……。」（一三〇頁）と述べ、箴言化に伴う解釈の多様性を言う。

小林（一九七六a）は、先の引用に続けて、「人口に膾炙する句は《**Le style c'est l'homme**》（文章は人間である）である。これはかの **oratio vultus animi.**「ことばは心の表情」という古諺とほぼ同義に解される。すなわち文章には作者の個性が現われるという意味である。これはそれとしてたしかに真理たるを失わないが、しかしビュフォンの考えではない」（二四五頁）と記し、個性としての文体という発想そのものも古くからあったことを指摘している。

さらに、日本への伝播について、中村（一九八九）は、文学的・文化的なバイアスとして、次のような説明をする。

フロベールらが文体至上主義を唱えた19世紀後半には、「文体は人間そのものである」と、「文体のみが人間に属するものである」という解釈が共存し、一般には前者が通用していたことになる。そして日本にも前者だけが伝わったのである。日本の近代文学はフロベールやモーパッサンの文体至上主義的かつ写実主義的文学の圧倒的影響のもとにあったのだから、これは驚くにあたらない。そこにおいては卑小な人間の生の真実のみが重要であり、普遍的真理とか、高邁な思想とか、科学的発見など、ビュフォンが文体の対立物としたものはほとんど問題にされなかったのであるから。それに加えて日本には、「文」とか「文人」という語にまつわる漢文学的・儒教的（略）な理念があって、それと「文体」が混同されたのである。（四頁）

なお、漢文学からの影響という点では、中村（一九八九）は触れていないが、江戸漢詩に大きな影響を与えた「性霊説」も、「文は人なり」という発想の背景にあったのではないかと考えられる。

（２）

西洋の伝統的修辞学においても、文体として「崇高・荘重・優美」などと呼ばれる種類があった。しかし、それらはあくまでも文体の選択肢としてであり、文章の目的・用途に対応するものであって、その限りでは、文体としての価値の優劣には関与しない。近代的な「文は人なり」という格言の言う、「書き手の人柄」を表わすとされる、個性としての文体も、つねに相対的であって、相互に優劣は認められない。

これらに対して、ビュフォンの言う「高貴で崇高な」文体というのは、そういう文章だからこそ「文体」と称することができるのであり、そうでなければ「文体をもっていません」ということになる。つまり、文体＝高貴・崇高、なのであり、それゆえに普遍的かつ絶対的な価値を有する。

ビュフォンの言う‘style’を「文体」ではないとする小林英夫は、日本の文体研究の先駆者の一人として、小林英夫（一九七六b）において、その研究目的を、次のように説明している。

われわれは文章の表現効果の秘密をさぐろうとしているのである。これがわれわれの目的なのである。個性という点からいえば、そしてその点のみからいえば、文は人なりの定義どおり、すべての文章には、個性の反映を原理的に認めることができなくはない。たんにその「人」を知ろうというのであれば、われわれはなにも研究材料として作家の書いたものをえらぶ必要はないはずだ。身うちなり、友だちなり、知らぬ人なり、一般にあらゆる人間の書くものを、じょうずへたをかまわずに取りあげて、その文章と、その文章を書かしめた人がらとのあいだの関係を、見出せばよいであろう。（一三二頁）

ここに言う文体研究は、波多野完治をはじめとする文章心理学的な研究が相当しよう。それに対して、美学的とされる文体研究を志した小林は、次のようにまとめる。

かいつまんでいえば、文体とは、作者の個人的な美的理想の実現として見られたときの文章である。作者が個性的存在であるかぎり、文体もまた一回生起的事実でなければならない。そこにこそ、その絶対的価値がある。文体は作者の必然である。それはかれの内心の欲求にしたがって作られたものであり、外在的な文章規範にのっとって調製されたものではない。われわれの文体論は、このように解釈しての文体を対象とするのである。

（小林（一九七六b）一三六〜一三七頁）

つまり、小林の唱える「文体」は、単なる個々の人柄の反映ではなく、「作者の個人的な美的理想の実現」であり、「絶対的価値がある」ものなのである。

これを、ビュフォンの演説中の他の箇所に見られる「真の弁論術は、才能の鍛練と精神の涵養を前提にしているのであります」や「良く書くということは、同時に、良く考え、良く感じ、良く表現することであります。文体はすべての知的能力の結合と修練を前提にしております」、また「自己自身に対する誠実さは、他の人々に対する礼儀にもかない、文体の真実を作り出すのであります」などの文言と読み比べてみるとき、両者にはいったいどれほどの差異があるだろうか。

少なくとも、文章の価値を「文体」とする点においては共通しているのであり、違いがあるとすれば、その価値の重点の置き方が個人か普遍か、また美的か思想的という点であろう。しかし、個人の究極は普遍に通じ、普遍は個人において実現するものであるし、美的であれ思想的であれ、倫理的な価値に含まれうるものであるから、どのみち相対的な差異にすぎない。

中村明（二〇一六）にしても、先に引用したように、名文家である大岡昇平の文学的な文章だからこそ、「まさに〝文は人なり〟と思わずにはいられない」ということであって、凡百の文章にまで、この一文をあてはめることは考えられない。また、「人柄」が「自然に感じられる」ものであるとすれば、そこに作為は認められないはずであるが、ここに言う「文体」は、少なくとも書き手にとっては、到底「人柄」などという自然のままではありえず、便宜的なレベルを越えて、作為の極めきったところに見出されるものである。

このように考えるならば、「文は人なり」という格言の由来を、ビュフォンの文言に求めるのも、大方の否定にもかかわらず、あながち間違いとはいえないかもしれない。その場合、どちらにせよ、世に流布する格言の格言たる所以としての教訓性を帯びることにもなる。すなわち、「文章は書き手の人柄を表す」という単なる真実としてではなく、だから、文章をいい加減に書いてはいけないとか、文章によって人は評価されるものだとかいう実践的かつ一般論的な心得が否応なく浮かび上がってくるのである。

（3）

文体の崇高性や美的理想というのは、以上のように、書き手にとっては文章において目指すべき目標とされるものであるが、それらは文章のどこに顕現し、読み手に受け取られるのだろうか。第1章で確認したように、文体が、書き手と読み手そして言語表現の三者があって、初めて成り立つものであるとするならば。

その点について、ビュフォンは、実例として「その断片を引用すること」を注意深く避ける、というよりは、個々の表現のありようをそもそも問題にしなかった。彼がひたすら繰り返すのは、次にいくつか引くように、「思考の秩序と運動」である。

いわく、「文体は、人が思考のなかに置く秩序と運動のことにほかなりません」（第三段落）、「著者が自分自身を感じさせることができるのは、細い糸の持続、思考の交響、あいつぐ発展、絶えざる漸層法、均一な運動によるほかありません」（第六段落）、「彼が仕事を順序だてる構想を立て、一旦、主題にとって本質的な思考を集め、それらを秩序づけたときは、いつ筆を執るか容易にわかるのであります。観念はなめらかに続き、文体は自然で、流麗なのであります。この喜びから熱が生じ、ひろがり、表現に生命を与えるのであります」（第八段落）、「良く書くためには、ですから充分に主題を我がものにしていなければなりません。そして、何度もそれを吟味して、思考の秩序を見定め、思考の連続性と連鎖を形づくらなければなりません。一つひとつの鎖目には観念が、繋ぎとめられているわけであります。そして、ペンを執ったら、まっすぐにこの最初の描線をたどらせなければなりません。それを反れてもいけませんし、ペンの勢いが不均等であってもいけませんし、ペンがかけめぐるべき空間によって決定される運動以外の運動をそれに与えてもいけません。まさしくこの点に、文体の厳正さが存するのでありま す。このことが文体の統一をもたらし、文体の速度を整えるのであります」（第一二段落）、な どなど。

つまり、言語表現が、その内容とする、主題に関わる「思考の秩序と運動」に忠実に従って行われることにより、崇高なあるいは美的な文体となりうるということである。文体に関して、内容と表現を二分しない捉え方はきわめて適切ではある。しかし、重点は明らかに内容となる主題・思考のほうにあり、それ自体のありようが文体の如何を決定するとみなしているのであって、表現はあくまでも二次的・従属的な位置にあるにすぎない。

ここには、言語化することによってこそ、思考の秩序なり運動なりが定位されるという発想は、認められない。表現のほうに求められるのは、思考の秩序と運動そのものを、いわば透明に再現することであって、そのためにのみ「才能の鍛練と精神の涵養」や「知的能力の結合と修練」、「自己自身に対する誠実さ」が必要とされるのである。

したがって、文体が文章の表現に関わることに変わりはないとしても、文体の良し悪しは、表現そのものによって評価されるのでは決してなく、表現から透けて見える内容次第による。あえて表現に即して言えば、その透け加減が問題になるのであり、その透明性が卓越している文章に、読み手は崇高な文体を感じ取るということになろう。

そして、ビュフォンは言う、「崇高さは偉大な主題のなかにしか見出すことができません。詩、歴史、そして哲学は、すべて同じ対象と、偉大な主題をもっております。人間と自然がそれであります」(第一六段落)。彼が念頭に置いていた文章はそもそも、このような、人間と自然という偉大な主題を取り上げる、詩、歴史、哲学の分野に限られていたのである。

このようなビュフォンの文体観が、近代の文体研究と相容れないのは、言うまでもない。立場や目的はさまざまにあるにせよ、いやしくも文体研究の直接的な対象・手段となるのは、何よりもまず、文章を形作る言語表現であり、その透明性も、崇高性という印象と直結するものではなく、あくまでも特徴の一つとして位置付けられるからである。

ただし、現代でもなお、とりわけ文学の世界において、とらえどころのない、謎めいたものとして、明確な定義を拒むような、まさに書き手の「人柄」に由来するとしか言いようのない、しかし厳然と存在する「文体」という捉え方が生き延びているところには、ビュフォン的な文体観が潜んでいるように思われてならない。

4　日本での「文は人なり」

(1)

日本で、「文は人なり」という一文を、格言のように世に広めた最初の人は、高山樗牛であるといわれる。真偽のほどは確かめようもないが、彼がその一文をタイトルとして用いたのは、紛れもない事実である。

高山樗牛は、明治四（一八七一）年に生まれ、明治三五（一九〇二）年に三一歳にして病没する。作家としては「滝口入道」という小説が有名であるが、おもには美術史家や文芸評論家・思想家として活躍した。「文は人なり」は没する直前に書かれた随筆のタイトルであり、その後、彼の文章のアンソロジーの書名にも用いられた。

その「序言」で、編者の姉崎正治は「樗牛が、文章についてこの見開きをつけるに至ったのは、実に彼れが精神上種種の苦悶健闘を経て、思想信念の上から見て得た断案であつた。この文集は、即ち彼れが精神の響きを伝へたいとの目的で、論文研究の外に、直に彼れの思慕、感情、意志を表はすべき文を集めたもの、それ故、その精神発達の時期に応じて、その一生を四期に分けたが、その文体も亦思想意気と共に著しい変化を経て居」（姉崎正治編（一九一八）一頁）、「彼れが一生の第四期は文の上に於ても、最も能く「文は人なり」の事実を証明して居る」（同上一一頁）とする。

肝腎のその樗牛の文章であるが、ごく短いものなので、以下に全文を引用する。

今の文章の多くは偽文のみ。意誠語朴の、真に人を動かすもの極めて稀也。詩人キーツ言あり、曰く、己れの脈搏の上に試みられたるに非ざれば、公理も公理と称するを得ずと。嗚呼、恋愛と云ひ、希望と云ひ、慰藉と云ふ、何れも人生の最大事実也。自らの血と涙とを以て是を解釈したる人にして、初めて是れを口にするを得む。

文字は符号のみ、そを註釈するものは、作者自らの生活ならざるべからず。文は是に至りて畢竟人也、命也、人生也。

人の産み得るものは唯々己れの子のみ。あゝ今の時、墨工塹人の類にして詩人と称し、文学者と号する者、何ぞ一に多きや。

（姉崎編（一九一八）二九六〜二九七頁）

やたらに傍点の多い、悲憤慷慨調の著しい文章である。要点となるのは、「文は是に至りて畢竟人也、命也、人生也」であり、「文」は「人」だけにとどまらず、「命」「人生」にまで及ぶが、これが「文章は書き手の人柄を表す」という意味合いであるとは、とても思えない。

冒頭の「今の文章の多くは偽文のみ。意誠語朴の、真に人を動かすもの極めて稀也」というところからは、「真に人を動かす文章」とは、「意誠語朴」から成るものであり、それは、人生の事実を「自らの血と涙とを以て是を解釈」し、「作者自らの生活」に基づいて「文字」を「註釈する」ことによって得られるとする。

つまり、樗牛の言う「文は人なり」は、文章の良し悪しはその人の生き方如何によるということであって、見方を変えれば、結局は「文章は書き手の人柄を表す」に同じといえるかもしれないが、主眼はあきらかに文章の表現でも内容でもなく、書き手の生き方のほうにある。しかも、どのような生き方でも良いというわけではなく、「血と涙」を伴う、真摯な生き方でなければならず、それは文章を書くことにおいても求められる。

「意誠語朴」前半の「意誠」はその謂いであり、後半の「語朴」は「意誠」をそのまま言葉にするということであろう。当時、美文家としても鳴らした樗牛ではあるが、それゆえにこそ至り着いた最後の境地ともいえよう。そして、この「意誠語朴」という樗牛の表現は、かのビュフォンの文体観にも通じるところがある。

（2）

樗牛がビュフォンの著作に接したことがあるかどうかは、未詳である。先の引用に出てくるキーツは、一九世紀初頭のイギリスの浪漫派詩人であって、ビュフォンとの関係は認められない。とはいえ、広く欧米の思想に通じていたから、ビュフォンの演説を原文で読んでいた可能性も否定できない。しかし、かりに読んだとしても、樗牛の言う「文は人なり」がビュフォンの「Le style est l'homme lui-meme.」から導き出されたものではあるまい。彼自身の短くも変転の激しかった人生から得た実感によるものと推測される。

樗牛の故郷である山形県鶴岡市にある彼の記念碑に刻まれているのが「文は是に至りて畢竟人也、命也、人生也」という一文であるから、これが彼のいわば代名詞として後世に伝わることになったのである。

樗牛が没してほぼ二十年後に創刊された『文藝春秋』に連載された芥川龍之介の「侏儒の言葉」の「文章」の項には、次のように記されている（芥川（一九九五）による）。

　彼等は皆樗牛のように「文は人なり」と称している。が、いずれも内心では「人は文な

り」と思っているらしい。　（八七頁）

「樗牛のように」という表現からは、すでに芥川の頃には、この一文が樗牛の言として広まっていたことが知れる。そのうえで、「文は人なり」を「人は文なり」と言い換える芥川の箴言の真意は、人はその文章によって評価される、ということであろう。そう思い込んでいるとする「彼等」が誰のことかは不明であるが、おそらくは当時の文壇に関わる人々であり、美文主義がなお幅を利かせていることを揶揄したものであろう。

芥川はまた、「作家」の項で、次のように記す。

気韻は作家の後頭部である。作家自身には見えるものではない。若し又無理に見ようとすれば、頸の骨を折るのに了るだけであろう。　（九四頁）

「気韻」とは、言わく言いがたい、文体のエッセンスのようなもののことであるが、「作家自身には見えるものではない」というのは、それが意図的に出せるものでも、自覚できるものでもなく、他者である読み手によって感受されるものであることを意味しているといえる。

これらから察するならば、芥川も「文は人なり」という一文を一つの真理として認めていたようにみなされる。それが、樗牛の訴えたとおりかどうかはともかくとして、文章を生業とする人々を念頭に置いてのことであろう。やがて、この「文は人なり」は、かなり意味が希薄化された格言として独り歩きするようになっていったと想像される。

(3)

それにしても、なぜ今も「文は人なり」という一文が通用しているのであろうか。ビュフォンであれ、高山樗牛であれ、その人が有名で、影響力があったというだけでは、説明として不十分であろう。格言としての真理性なり教訓性なりという言葉の力があったからこそと考えられる。その力とは、いったい何によるものであろうか。

それは、人間と文章との関係の、非直接性にある。言うまでもなく、文章は人間が創造するものであるから、両者には関係がある。しかし、いったん文章として出来上がったものは、それ自体として、当の人間とは独立に存在し、その成立過程を知らない他者にとっては、両者の関係は知りえない。

その点、当事者の口から音声として発せられていることが即時的に確認される談話とは異なる。かりに音声の記録機器による再生であったとしても、文字媒体による文章に比べれば、その人の位相性さらには個別性が判別しやすいという意味で、関係はより直接的である。

波多野完治（一九六五）は、「ことばが具体的環境に即している場合、それは「人である」ことができる」（七頁）とし、文章は「ことばを現実の具体的場面からひきはなす」ものであり、「ひとたび環境をはなれたが最後、ことばはことばだけのものになってしまう。「文が人」でなくなるのはこの場合である。」（一〇頁）と述べるのも、同じ謂いである。

そのように、一見無関係と思われる存在相互にじつは関係性があるということが認められるとすれば、そこに意外性が生じる。この意外性が真理性や教訓性と結び付く。書き手とは独立に存在し、どんな人が書いたか分からないはずの文章であるにもかかわらず、内容の如何にかかわらず、すべてのそこに、文体という、他ならぬ書き手自身の刻印が押され、関係が示されるものであるという、無意識の思い込みが、「文は人なり」という一文を真理とし、それがおのずと文章に対する人間の取り組み方にも影響を与えるものとなるのである。

このことは、文章に限らず、人間とその創作物（美術や音楽など）との関係一般にも及ぼしうることであるが、文章に特化されるのは、それが言葉によって成り立っているからであろう。言葉は記号の代表・典型として、他のコミュニケーション手段よりも、その共同体の使用・理解の共有度が高いからである。共有度が高ければ、その分だけ使用者の個性が見えにくくなるため、それでも言葉と使用者との固有の関係性が認められることが意外性となるのである。

もちろん、その固有の関係性にはレベル差があることは、すでに述べてきたとおりである。人柄そのものの剝き出しの発露として受け取られる「文は人なり」の場合は、えてして負の教訓性を帯びがちになるのに対して、内容と表現に関する修練の結果に対する「文は人なり」の場合は、そのかけがえのない価値に対する正の評価性に結び付く。

このように、「文は人なり」という一文は、そのどちらの真理についても、意外性をはらんだ一般的な思い込みに支えられて、一つの格言としての位置を今もなお保ち続けていると考えられる。

参考文献

芥川龍之介（一九九五）『侏儒の言葉・西方の人』新潮文庫
姉崎正治編（一九一八）『文は人也』増補改版、博文館
梅田祐喜（二〇〇二a）「ビュフォン「文体論」」『言語文化研究』1
梅田祐喜（二〇〇二b）「「文体」という思想―ビュフォンの文体論をめぐって」『言語文化研究』1

ガスカール、P.（石木隆治訳一九九一）『博物学者ビュフォン』白水社
金田一京助他編（一九九三）『新明解国語辞典』第四版、三省堂
小林英夫（一九七六a）「ビュフォンの文章講演」『小林英夫著作集6　文体論論考』みすず書房
小林英夫（一九七六b）「文体論の立場から」『小林英夫著作集6　文体論論考』みすず書房
尚学図書編（一九八六）『故事ことわざの辞典』小学館
中村明（二〇一六）『日本の一文　30選』岩波書店
中村栄子（一九八九）「ビュフォンの『文体論』をめぐって──文体に関する思想の変遷──」『西南学院大学フランス語フランス文学論集』25
波多野完治（一九六五）『文章心理学大系1　文章心理学〈新稿〉』大日本図書
松村明編（一九九五）『大辞林』第二版、三省堂

第3章　役割文体

1　ヴァーチャル日本語

（1）

はじめに断っておくが、本章の章題の「役割文体」という用語は存在しないし、提唱するつもりもない。ただ、第1章の第2節「位相」において、「役割語」を取り上げ、位相語に対する役割語が文体に相当することを述べた都合上、そういうのも成り立つかと考えて造語してみたにすぎない。

しかし、あらためて役割語研究の動向を見てみると、単純にそうとは言い切れない、むしろ役割語と文体は別々の概念として捉えたほうが妥当かもしれないと思われるところがある。その点をはっきりさせ、文体をより明らかにするために、この章では、役割語を提唱した金水敏（二〇〇三）を、詳しく検討してみる。

金水（二〇〇三）の役割語の定義を改めて掲げる。

ある特定の言葉づかい（語彙・語法・言い回し・イントネーション等）を聞くと特定の人物像

（年齢、性別、職業、階層、容姿・風貌、性格等）を思い浮かべることができるとき、あるいはある特定の人物像を提示されると、その人物がいかにも使用しそうな言葉づかいを思い浮かべることができるとき、その言葉づかいを「役割語」と呼ぶ。

（二〇五頁）

この定義は、金水（二〇〇三）の役割語論の基盤であるにもかかわらず、本編にではなく、なぜか「附録」に示されている。「はじめに」相当の「役割語の世界への招待状」に記された「特定のキャラクターと結びついた、特徴ある言葉づかいのことを、本書では「役割語」と呼ぶ（ⅵ頁）というのを、より精密化かつ一般化しておく必要を、最後の段階になって認めたからかもしれない。

そのことよりも注目したいのは、同「招待状」で、その後に「役割語は、現実の日本語とは別の、でも確かに存在する日本語という意味で、〝ヴァーチャル日本語〟です」としたうえで「重要なのは、我々にとって「ほんとの現実」（リアリティ）と「にせ物の現実」（ヴァーチャル・リアリティ）は本質的に区別できない、という点です。ヴァーチャル日本語もいっしょです。言われてみれば嘘だとわかるのに、いかにもそれらしく感じてしまう役割語。いったい、日本語にとって、言語にとって「現実」とは何なのでしょうか？」（ⅵ〜ⅶ頁）と読者に問い掛けている点である。

この問は、文体を考えるうえでも、その基礎として非常に重要なことなので、先にそれに触れる。

(2)

まず確認しておきたいことがある。

言語そのものが、形式と内容との「関係性」において成り立つという意味で、ヴァーチャルな存在であるというのは、現代言語学の常識であろう。ソシュールの言う「ラング」であり、その限りでは、「ヴァーチャル日本語」は役割語のみではなく、日本語、いな言語すべてである。

したがって、現実か否かが問われるのは、「ラング」に関してではない。問いうるとしたら、それは「ラング」の運用としての「パロール」においてである。

それでは、運用における「現実の日本語」とは何か。実際に話された音声、あるいは書かれた文字の存在が確実に認められるものかと言えば、必ずしもそうなってはいない。

金水（二〇〇三）では、役割語の「〈博士語〉〈老人語〉は、現実にはありそうにもないにもかかわらず、いかにもそれらしく感じられるのはなぜか？」（一二頁）という形で示す。現実にある、ではなく、「現実にありそう」という意識なのである。そこに、「ステレオタイプ」という人間の認知が関わる。

しかし、「現実にありそう」と「いかにもそれらしく感じられる」には、じつは、なにほどの径庭もない。ところが、その一方で、「〈博士語〉〈老人語〉のような、明らかに現実には存在しない話し方の場合は、役割語であっても位相語ではない」（三八頁）のように、「明らかに現実には存在しない」と言い切ってもいる。

さまざまな役割語の例として挙げられている資料は、漫画や小説、戯曲、演芸などの創作である。創作つまりフィクションであるから、役割語は現実ではない、あるいは現実とは異なる「ヴァーチャル日本語」ということのようであるが、それらも実際に書かれ話されたもの（だから例を挙げることもできる）という意味では、紛うかたない「現実」の日本語である。

それでは、創作を意図したものではない、日常的なコミュニケーションにおける言語使用だけが「現実」ということになろうか。量的な関係からは圧倒的な後者がそうであると言えなくもないかもしれないが、それをもって本質的な区別とは言えまい。あえて言えば、場面条件という位相の違いである。

可能態・潜在態としての言語が実現態・顕在態となった結果の言語は、どれも現実なのである。その現実の無限とも言える多様性の中に、役割語というものを位置付ける意義があるとしたら、次の二点であろう。

第一には、位相語という捉え方を見直す意義である。金水（二〇〇三）は、「研究者が現実の位相・位相差として提示しているものは、仮想現実的な役割語から一定の手続きを経て、還元的に取り出したものである」（三八頁）と述べている。もし「現実の位相・位相差」がそのままでは知りえないものなのだとしたら、そういう「現実」は無いに等しい。むしろ、すべての言語使用の「現実」を、それぞれの使用者による「役割」つまり「らしさ」の演出と考えればよいのである。

第二に、言語コミュニケーションによる人間関係のパターンを明らかにする意義である。言語使用者の個人個人はさまざまな社会的・集団的な属性・役割を帯びているものであり、それぞれに応じた言語的なステレオタイプが想定される。そのどれにも拘束されない言語使用は原則としてありえない。そして、現実のコミュニケーション場面においては、そのうちのどれを優先するかの選択の自由度もさまざまである。それぞれのステレオタイプを表わす役割語の総体が明らかになれば、言語コミュニケーションにおける人間関係のパターン化された現実の諸相が浮き彫りにされるだろう。

2 文体と話体

さて、先に引用した役割語の定義の後に、次のような断わり書きがある。

(1)

ここでは、「言葉づかい」という用語を用いたが、専門的には**話体**(スピーチ・スタイル)といった方がいいだろう。**書きことば**における「**文体**」(ライティング・スタイル)に対して、**話しことば**のスタイルだから話体、すなわちスピーチ・スタイルである。

(二〇五頁)

「文体」を書き言葉のほうに限定し、話し言葉のほうには、それと区別して「話体」を用い、役割語を「話体」の一つとして位置付けているのである。

金水(二〇〇三)の本編を見ると、「清水義範氏は、言葉づかいや文体、話体について大層意識的な作家」（三〇頁）、「語彙、音韻、語法等の問題としてだけでなく、それらを総合した、話体・文体として〈標準語〉を捉える」（六三頁）、「役割語度は、「ある話体（文体）が、特徴的な性質の話し手を想定させる度合い」」（六七頁）、「そのような特権的な立場を与えられた言語（話体）を、我々は〈標準語〉と呼ぶ」（七一頁）、「日本全体として見ると中心的な文体というのは、漢文の読み下しや候文のような文語であった」（七四頁）などのように、両者を区別していないような、していないような用い方がされている。

このような両者の区別が、単に書き言葉と話し言葉という位相の違いにそのまま対応するだけならば、問題はない。しかし、金水（二〇〇三）が実際に取り上げている役割語は、もっぱら文章中の会話文におけるものであって、話し言葉それ自体ではないという点が問題である。

もう一つ気掛かりな記述がある。それは、標準語を役割語とみなすことに伴い、次のように、話体だけでなく文体にも関わるかのように、述べているところである。

（略）あえて書きことばまでを役割語として考えるのは、書きことば（とくに常体（ダ・デアル体）のもの）が「誰もしゃべらない言葉」すなわち「誰も想定することができない」言葉だからである。逆にいうと、〈標準語〉の書きことばから少し語彙や語法を変えたり、終助詞やイントネーションを加えたりすると、たちまち特定の人物像が現れてくる。そういう意味で、〈標準語〉の書きことばは、役割語の原点、基準点のような性質を持っているのであり、だからこそこれを役割語の中に含めておく必要があるのである。（六七頁）

（2）

「話体」という用語は、金水（二〇〇三）の造語ではないが、まだ一般的とも言えない。野村雅昭（二〇〇五）によれば、この語は『日本国語大辞典　第二版』には立項されてあり、古い例として外山滋比古（一九七五）があって、「ここでは話し言葉において文体に相当するものをかりに話体と呼ぶことにしておく。」という一文が紹介されている。

佐久間まゆみ（二〇〇五）は、「話体」という概念の必要性について、次のように述べる。

話し言葉を主な対象とする「談話論」においても、コミュニケーションに有効な、文を越える言語単位としての一般性と特殊性は存在し、後者の場合にも、「談話のスタイル」「スピーチ・スタイル」等の「話体」が確実に存在する。そこで、「文章・談話」と「文体・話体」という研究対象の位置づけが新たに問われることになる。（四五八〜四五九頁）

文章と談話という言語単位において、前者における狭義の「文体」と談話における「話体」という対立関係に置いていることが明らかであり、しかも文体も話体も、文章と談話の一般性に対する特殊性とみなされている。

このような視点とは別に、社会言語学の用語としての'speech style'の訳語としての「話体」もある。ただし、日本の社会言語学では、「話体」よりも、そのまま「スピーチ・スタイル」あるいは「スタイル」を用いることのほうが多い。

渋谷勝己（二〇一八）は、「スタイル」について、次のように説明する。

スタイルとは、一人の言語使用者が場面や状況に応じて使い分ける形式や変種のことをいう。言語使用者がさまざまな社会状況のもとで使用する（社会的な情報が焼きついた）多様なことば要素（たとえば変異理論における言語変項の具現形（variants））や、複数のレパートリー（体系としての変種（varieties））を互いに対立させて見たときのそれぞれをいうもので（フォーマルスタイル／カジュアルスタイルなど）、言語使用者がもつそのような多様なことばの知識とそれを使用する（使い分ける）能力がスタイル能力である。　（二三二頁）

注目したいのは、「場面や状況に応じて使い分ける形式や変種」というところである。前提として、まず「場面や状況」という位相条件があり、それぞれに応じた「形式や変種」という言語形式そのものを、「スタイル」と称している。

この点は、本書で考えている「文体」とは随分と趣を異にするが、社会言語学という観点からすれば当然であろう。また、スタイルに関して、とくに文章と談話の違いを問うてはいないものの、談話をベースとしていることは疑えない。

ただ、渋谷（二〇一八）は、文章を資料としていて、会話文だけでなく地の文も扱うが、「話体」と「文体」の関係については言及していない。

（3）

山口治彦（二〇〇七）は、積極的に役割語を「文体」と関連付けようとして、次のように述べる。

登場人物のせりふは、ほかの登場人物だけに向けられているのではない。読者（観客）にも向けられている。その点を考慮するなら、役割語は、読者に対して効率よくわかりやすい伝達をおこなうという普遍的な必要性に動機付けられている。さらに言えば、役割語は孤立した文体現象ではなく、演劇の「説明せりふ」やグルメ漫画の「味覚表現」のような、フィクションにときおり見受けられる「不自然なせりふ」と同列に位置づけられる。

（一〇頁）

要は、役割語は、作品内の登場人物の識別のためだけではなく、それらを通して、書き手が読み手に何かを伝達するためにあるという点において、作品全体の文体に関わるということであろう。ただ、それにしても、留保すべき点がいくつかある。

一つめは、作品全体ではなく、せりふ（会話）においてのみ、役割語が扱われている点である。戯曲はせりふが主であるからまだしも、小説の場合は地の文が中心であるのに、地の文における役割語は認められていない。

二つめは、役割語を「不自然なせりふ」と同列にみなしている点である。役割語の示すステレオタイプと不自然さとは、そもそも相容れ難いのではあるまいか。

三つめは、役割語の使用を伝達効率のためとしている点である。文学であれ演劇であれ、およそ非実用的な創作であるならば、そこに用いられるレトリックは単純な伝達効率を目的とするものではないはずである。

源氏物語の文体を論じた金水敏（二〇〇七）には、次のように、会話文における役割語についても触れている。

> 源氏物語の登場人物には、さまざまな年齢、性別、階層に属する人物が現れて会話を交わすが、それを現代語に翻訳する場合、現代語の文脈でそれぞれの年齢、性別、階層に応じた「ふさわしい」「それらしい」話し方（スピーチスタイル）をさせる必要がある。すなわち、翻訳者と読者に共有された「役割語」の知識を使用しなければならない（略）。
>
> （一五～一六頁）

不思議なのは、役割語は現代語訳に関してのみ問題にされ、原文における会話文についてはまったく触れていないということである（役割語を古典に適用することの問題点については、西田隆政（二〇〇七）に指摘がある）。

それはともかく、実際に金水（二〇〇七）が例とした「をり」という語は、その大部分が地の文に属し、「語り手の立場からの、三人称の登場人物への評価として現れる」（一八頁）ということで、その使用上の偏りを「作者である紫式部の身分意識を反映したもの」とし、「そのような身分意識が巨視的コミュニケーションとして読み手に送られたのであり、その情報を正しく理解することが当時の源氏物語の受容者としての要件であった」（二六頁）と結論づけている。

「作者である紫式部の身分意識を反映したもの」というところを読む限りでは、地の文に用いられた「をり」に、書き手の身分にふさわしいものとして用いられた役割語という性格を読み取ることは到底できない。それは源氏物語の「文体」には結び付きうるかもしれないが、それさえも「平安第二期以降の和文作品に共有されている」（二六頁）ということならば、源氏個別の文体ではなく、女性和文類型の文体ということになるのではないか。

（4）

ここでもう一度、金水（二〇〇三）の定義に戻って、役割語と文体と話体の三者の関係について考えてみる。

まず、金水（二〇〇三）は、「言葉づかい」を「話体」に言い換えたが、そもそも役割語は話し言葉に限られるものなのだろうか。

話し言葉と書き言葉、談話と文章、音声言語と文字言語をそれぞれどのように区別するかという基本的な問題があることはある（この点については、半沢幹一（二〇〇三）を参照）が、話し言葉・談話・音声言語・話体／書き言葉・文章・文字言語・文体という対立関係で見れば、文章における会話文は、文章内という点で「文体」に含まれるし、地の文の語りというのももちろん、「文体」である。

文章（漫画も含む）における会話文を、談話における会話を元にするがゆえにヴァーチャルというのならば、会話文に含まれるすべての語がヴァーチャルなのであって、役割語に限ってのことではない。

少なくとも、金水（二〇〇三）が文字資料における用例を対象として、役割語を論じている以上、文体と話体をあえて区別するならば、あくまでも文体のほうの問題である。もし役割語を話体に限定するのならば、なによりも談話そのものにおける役割語を見出す必要があるのであって、そのことは決して不可能ではないと考える。

その点において、先に引用した「〈標準語〉の書きことばは、役割語の原点、基準点のような性質を持っているのであり、だからこそこれを役割語の中に含めておく必要があるのである」

という説明には、納得しがたいものがある。

言うまでもなく、「標準語」というのは、一般には話し言葉に関するものであって、書き言葉ではない。かりに書き言葉における標準的な文体を設定しうるとしても、それは文章における「原点、基準点」であって、それがそのまま位相を異にする談話にも通用できることは保証されない。「話すように書く」あるいは「書くように話す」というのは、可能性としては否定しえないものの、その場合は、両位相を統括する別の概念が必要になろう。

次に、その「言葉づかい」の具体相として、「語彙・語法・言い回し・イントネーション等」を挙げるが、これらは表現形式そのものである。第1章第1節で説いたように、文体が文体意図・文体因子・文体効果の総体として成り立つものであるとすれば、文体因子たる「言葉づかい」は、文体を構成する要素の一つであって、そのすべてではない。

つまり、ある特定の人物像を造形するために（文体意図）、それに見合った言葉づかい（文体因子）を用い、そこからその特定の人物像が浮かぶ（文体効果）という関係総体によって、文体が成り立つのである。それをもって役割語と称するのならば、まさに役割語は文体に相当するといえようが、金水（二〇〇三）はそこまでに及んでいない。

もう一つ、喚起されるのが特定の人物像という点である。その具体相として、「年齢、性別、職業、階層、容姿・風貌、性格等」を挙げるが、これらは社会的・集団的な属性による分類項目であり、従来、位相差として位置付けられてきたものである。

一つの役割語はそのすべてを網羅するわけではなく、いずれか（場合によっては複数も）の属性に特化した形で示す。それがステレオタイプならば、その人物像は類型としての人物像であって、個人に特定されるものではない。「役割語」という用語も、その類型を役割とみなしてのことであろう。

とすれば、役割語を文体と結び付ける場合には、二つの制限があるということになる。一つは、役割語は文体のバラエティの中で人物像にのみ関わること、もう一つは、その人物像は文体としては個別的ではなく類型的なものであること、である。

3　標準語という役割語

（1）

金水（二〇〇三）は、標準語を役割語として、次のように規定する（便宜的に番号を付す）。

①　語彙、音韻、文法・語法等の問題としてだけでなく、それらを総合した、話体・文体として〈標準語〉を捉える。（六三頁）

②〈標準語〉を一種の役割語として捉える。ただし、他の役割語の基準となるような、特殊な役割語である。（六四頁）

③　他の役割語と同様に、マスメディアや教育によって、好むと好まざるとにかかわらず、幼少期から刷り込まれた知識・観念として〈標準語〉を捉えるのである。（六四頁）

③が前提となる捉え方になろうが、すでに述べたように、このことは役割語にも標準語にも限ったことではない。言語は何であれ、「好むと好まざるとにかかわらず、幼少期から刷り込まれた知識・観念」なのである。その「知識・観念」としての言語そのものの下位区分としては位置付けられるとしても、それらのみがその性質をとくに強く持っているというわけでもない。

①のように、標準語を、話体あるいは文体として捉えることは、仮説としてはもちろん、ありえる。金水（二〇〇三）は、標準語を、話し言葉と書き言葉に区分しているので、それに対応させるように、話体と文体を用いたのであろうが、②と合わせて考えてみると、むしろ話体

と文体それぞれの基準となるものの統合として、「標準語」なるものを新たに設定したと考えられる。

ただし、話体であれ文体であれ、基準なるものの統一的な設定が可能かと言えば、かなり疑問である。森岡健二（一九八五）も、「江戸語から東京語、東京語から標準語、標準語から言文一致体が生まれたという系統図はわれわれの耳に入り易いが、それはやはり言葉の独り歩きのせいだと考えたい」（八〇頁）と述べている。

そもそも、文体とは相対的概念であり、それぞれに価値を有する。何の言語的特徴も見出せない文章や談話であったとしても、それゆえに没個性と評されたとしても、それ以外との比較において、そういう文体・話体を有するものとして認められるのである。

一般的にいうところの「標準語」は、談話における各方言との比較・選択において、話体としての価値がある。文章の場合、現代ならば、標準語に相当するのは普通体あるいは口語体と呼ばれるものであるが、それは他の文体との比較・選択において、文体としての、それ自体の価値を持つのである。

かりに話体・文体の基準に相当するものがあるとしたら、それは談話・文章それぞれにおける各ジャンル別の規範あるいは類型として示される話し方・書き方であって、どのジャンルにも共通する基準というのはありえない。

(2)

金水(二〇〇三)は、「役割語度」という概念を導入し、「ある話体(文体)が、特徴的な性質の話し手を想定させる度合い」(六七頁)と説明する。そして、「〈標準語〉のうち、常体の書きことばは、いかなる特徴を持った話し手も想定させないという意味で、役割語度0(ゼロ)である」として、「その日は大変よいお天気であった。しかし天気予報によれば、翌日は雨が降る可能性があるらしかった。」という例を挙げ、「これに対し、私的な話しことばで、没個性的であるが男性、女性の違いが分かれているくらいの話体は、仮に役割語度1としておこう」として、次のような例を挙げる。

A　「今日は大変いいお天気だね」

B　「ええ、本当。でも天気予報は、明日は雨だろうと言っていたわ」　(六八頁)

「役割語度」という概念についてはともかくとして、その説明には、いくつか理解しがたい点がある。

第一に、「〈標準語〉のうち、常体の書き言葉は、いかなる特徴を持った話し手も想定させない」というところである。

書き言葉についてなのに、あえて「書き手」ではなく「話し手」としてあるが、その例は会話文としてなのか、地の文としてなのか、判然としない。常体の書き言葉（ダ・デアル体）が、敬体の書き言葉（デス・マス体）と対比されるのは、地の文においてである。かりに会話文とすると、かなり風変りな、しかしありえなくはない人物像が想定されよう（金水（二〇〇三）は「誰もしゃべらない言葉」（六七頁）としているが）。

常体が、「いかなる特徴を持った話し手も想定させない」というのは、それが文章一般において、いわば中立的な文体として選ばれているという点では正しい（ただし、それはデアル体に関してであって、ダ体にはそれなりのバイアスがある）。とはいえ、それに対して、敬体のほうはなんらかの特徴を持った話し手を想定させるかと言えば、肯えない。

文章における常体か敬体かの選択には、書き手自身よりも、むしろ読み手層というコミュニケーション条件が強く作用すると考えられる。つまり、常体か敬体かによって想定されるものがあるとすれば、それは読み手のありようの違い（成人か子供か、専門家か一般人かなど）である。

第二に、常体の書き言葉の例に、いきなり「私的な話しことば」を対比させているところである。役割度の差を端的に示すための便宜かもしれないが、書き言葉と話し言葉、文体と話体との区別を抜きにしての対比は、ナンセンスと言わざるをえない。

第一点でも指摘したように、まず比較すべきは敬体の書き言葉の例ではなかったか。また、たとえば、文章と書き手の性別との関係の度合いを問うならば、波多野完治（一九五八）における、複数の文章例からそれぞれの書き手の性別を問うアンケート調査の結果や、後章で取り上げる文体模倣文のような実例と比較することも考えられよう。

第三に、「私的な話しことば」の例とするAとBは、実際の談話例なのか、文章中の会話文なのかという点である。

後者であるとすれば、第二点で指摘した問題は多少は回避されるが、地の文と会話文という文章中の位相差の問題は残る。もし前者だとすると、それをもって性別の役割語と認定するかという疑問が生じる。つまり、ヴァーチャルではなく、現実にもありえるのではないかということである。じつは、そこに、役割語の根本的な性質が見出されるのである。

（3）

金水敏編（二〇一四）は、「役割語」として認定された一二一語（表現）が収められている。それらは、性別、年齢・世代、職業・階層、地域、時代、人間以外という六つの観点から分類され、さらにラベルとして五三の種類に分けられている。

これらのうち、もともと現実の人間あるいは人間社会において存在しないものを対象としているのは、宇宙人語、神様語、幽霊ことばなどであろう。お姫様ことば、公家ことば、書生語、忍者ことば、武士ことば、遊女ことばなどの対象となる人物は、過去に存在していたという意味で、現実と言える。

現実の対象が存在しないにもかかわらず、その人物像を想起させる語は、まさに現実にはありえない、ヴァーチャルな設定にもとづく、典型的な役割語である。それに対して、現実の対象が存在する場合は、そのグループの人間が独自に、ある特定の語を実際に使用するかどうかは、金水（二〇〇三）の言うとおり、「『ほんとの現実』（リアリティ）と「にせ物の現実」（ヴァーチャル・リアリティ）は本質的に区別できない」のであるから、不問にせざるをえない。

つまり、役割語というのは、使用者云々ではなく、それぞれの言葉づかいに対する受け止め方のありよう（ステレオタイプ）を元にしているということである。それは広く言えば、語感の問題なのであり、役割語とは、語感として特定の人物類型像を喚起する語ということになる。その意味で、標準語による人物像に関してのみ言えば、たとえば人称代名詞の記述において、金水編（二〇一四）と中村明（二〇一〇）に重なるところが多いのも当然である。

前節で、「「私的な話しことば」の例とするAとBは、実際の談話例なのか、文章中の会話文なのか」を問題にしたのは、このことを見極めるためであった。

文章中の会話文ならば、現実の再現であれ虚構であれ、発話の当事者とは異なる書き手が介入するものであるから、役割語と言える。それに対して、実際の談話例として、男性がAの発話をし、女性がBの発話をすることは、十分にありえよう。そのような発話をあえて役割語とみなすとすれば、それは自然的でも無意識的でもなく、私的な話しことばとしての男ことば、女ことばを、複数の選択肢の中から、自ら選び取った結果と捉えるということである。そして、どちらの場合にしても、選択結果としての役割語ならば、それが文体なり話体なりとしても認められるのである。

4　役割語と文体

以上から、文体にとって役割語とは何かについて、まとめてみると、以下のようになる。まずはっきりさせておきたいのは、役割語はイコール文体（話体も含む）ではない、ということである。役割語が文体に相当するところがあるとすれば、次の三点においてのみである。

一　文体を構成する要素の一つ（文体因子）としての言語形式において
二　文体印象を形作る語感の人物像に関わる点において
三　個別的ではなく類型的な文体の一部において

いっぽう、文体と役割語の主要な異なりを挙げれば、次の三点であろう。

第一に、「文」体と役割「語」という用語に象徴されるように、文体は文章・談話の単位全体を対象にしているのに対して、役割語の対象は特定・個別の言語形式であるという点である。

第二に、文体は文章と談話の両方に文体・話体として見出されうるものであるのに対して、役割語はもっぱら談話の話体として限定して捉えられている点である。その妥当性の如何については、検討したとおりであり、文章における会話文を、どのように位置付けるかという問題がある。

第三に、文体は文章・談話における相対的な表現価値を問うものであるのに対して、役割語は言語事実（たとえそれがヴァーチャルであるとしても）のありようのみが取り上げられているという点である。役割語度というのも、表現価値の度合いというよりは、想起される人物の類型の広狭に対応していると見られる。

さらに付け加えれば、金水（二〇〇三）が、次のように述べるくだりがある。

役割語は、つねにわかりやすい。使い手の人物像を瞬間的に、受け手に伝えてしまう。そのわかりやすさゆえに、子供向け作品やいわゆる「B級作品」に多用されるばかりでなく、立派な作品の中にも自然に取り込まれている。役割語なくして、日本語の作品は成り立たないといってもよい。その結果、新たな刷り込み、活性化が重ねられ、役割語は補強されていく。

（二〇二頁）

これに対して、文体なるものは、決して分かりやすくはないのであった。

参考文献

金水敏（二〇〇三）『ヴァーチャル日本語　役割語の謎』岩波書店
金水敏（二〇〇七）「言語コミュニティと文体・スピーチスタイル」『講座源氏物語研究　第八巻　源氏物語のことばと表現』おうふう
金水敏編（二〇一四）『〈役割語〉小辞典』研究社
佐久間まゆみ（二〇〇五）「文章論と文体論―「文章・談話」と「文体・話体」の補完性―」中村明他編『表現と文体』明治書院
渋谷勝己（二〇一八）「書き手デザイン―平賀源内を例にして―」岡﨑友子他編『バリエーションの中の日本語史』くろしお出版
外山滋比古（一九七五）『日本語の感覚』中央公論社
中村明（二〇一〇）『日本語　語感の辞典』岩波書店
西田隆政（二〇〇七）「役割語の周縁の言語表現を考える―人物像の表現と「広義の役割語」と「属性表現」―」金水敏編『役割語研究の地平』くろしお出版
野村雅昭（二〇〇五）「落語の話体」中村明他編『表現と文体』明治書院
波多野完治（一九五八）『ことばと文章の心理学』新潮社

半沢幹一（二〇〇三）「文章・談話の定義と分類」佐久間まゆみ編『朝倉日本語講座7　文章・談話』朝倉書店
森岡健二（一九八五）「言文一致体成立試論」『国語と国文学』六二―五
山口治彦（二〇〇七）「役割語の個別性と普遍性―日英の対照を通して―」金水敏編『役割語研究の地平』くろしお出版

第4章　文体諸相

1　文体の分類

中村明他編（二〇一一）の第Ⅲ章「文体用語の解説」の中に、「文章の文体分類」という節があり、以下の項目が挙げられている（A）。

文章体・談話体／散文・韻文／文語体・口語体／地の文・会話文／説明文・描写文／漢字文・仮名文・漢字仮名交じり文／和文、漢文、漢文訓読文、和漢混淆文、翻訳文／雅文、候文、通俗文・普通文、雅俗折衷文、言文一致体

それとは別に、同事典の第Ⅴ章「ジャンル別文体概観」には、次のようなものが挙げられている（B）。

新聞の文体／雑誌の文体／ラジオ・テレビニュースの文体／説明的文章の文体／評論的文章の文体／文芸的文章の文体／ユーモアの様式と表現

さらに、同事典の第Ⅱ章「文章用語の解説」には、「文章の分類」として、以下のものが示されている（C）。

実用的文章／説明的文章／論説文／広告文／記録文／報道文／落書き／手紙文／賞状／日記／議題／文書／詔書／文範／仕様書／挿話／契約書／偽書／契約書／法令文／字幕／遺言書／翻訳

また、同事典の第Ⅰ章「表現用語の解説」には、「談話の分類」として、以下のものが示されている（D）。

独話／対話／会話／議論／雑談／講演／講義／講読／報告／口述／発表／手話

これらのうち、ＣとＤは、それぞれ文章と談話の、おもにはジャンルすなわち目的・用途別の種類を示したものである。

ただし、Cの「実用的文章／説明的文章」、Dの「独話／対話／会話」は、他とはレベルを異にしている。「実用的文章」は、非実用的文章と対比して、「説明的文章」は、実用的文章の中でも、描写的文章と対比しての、より包括的な目的・用途の文章のことである。いっぽう、Dの「独話／対話／会話」は、談話そのものではなく、談話を構成する人数およびその発話展開の違いを表わす。

これらの文章・談話の各種類には、それぞれの実用的な目的・用途に応じた一定の規範・ルールがあり、それに則った書き方や話し方が求められる。同事典の各種類の解説も、それぞれのおおよその規範を示したものになっている。

そのそれぞれを「文体」と称することもできなくはない。しかし、それは種類別に表現に異なりがあるという意味での類型的な「文体」に過ぎず、しかも、実用的な目的・用途に添う限りにおいて、書き手・話し手による表現上の選択の余地つまり個別的な「文体」が生成される可能性は、多少の程度差はあるにしても、ないに等しい（文章の「落書き」や談話の「雑談」は別かもしれないが）。

Bは「ジャンル別文体」というタイトルが物語るように、文章のジャンルに応じた文体があることを前提とした解説になっている。挙げられている七種類の中には、「ユーモア」という異質なものが入っていたり、「ラジオ・ニュース」という、文章か談話か判断に迷うものが含まれたりしているが、全体としては、CやDの文章・談話自体の分類のいずれかと重なる。重ならないのは、非実用的な「文芸的文章」だけである。

とすれば、これらの実用的な文章ジャンルの文体というのは、CやDについて指摘したことと同様である。実際に、各解説は、それぞれのジャンルの下位区分に応じた表現上の相違を概観することが主になっていて、その下位区分の各種類の文章の類型的な特徴が挙げられている。

さて、残るAであるが、例外的な項目である「文章体・談話体」と「地の文・会話文」「説明文・描写文」の三つについて、まず説明しておく。

「文章体・談話体」というのは、第Ⅲ章で取り上げた「文体・話体」と同じ謂いである。「説明文・描写文」は、Cに関して触れたように、目的・用途に応じた分類である。「地の文・会話文」は、文章における位相の違いであって、文章単位での文体を言うものではない。

これら以外で、文体の種類として示されているのは、文章におけるリズム、表記、語彙・語法などの特徴から、それぞれ対比的かつ相対的に位置付けられたものであり（各スラッシュ間において）、命名もそれらの特徴に由来する。

中には、現代では見られなくなった、いわば歴史的な文体が少なくなく、それぞれの対比性はかなり薄弱になっているといえる。ということは、現代日本語の文体としての選択性に乏しいことを意味する。現代語の文章全般に考えれば、散文であり口語体であり漢字仮名交じり文であり和漢混淆文であり普通文であって、これらと対比される文体が用いられるのは、ごく狭い分野（ジャンル）の文章に限られている。

以上のことが物語っているのは、次の三点である。

第一に、文体分類として中心的かつ一般的であった、表現上の特徴を基盤としたAのような分類は、現代日本語においてはもはや有効性を失いつつある。

第二に、Aに取って代わるようになりつつある文体分類が、B・C・Dのような文章・談話のジャンルによる分類である。しかし、これらは、目的・用途の分類であって、決して文体そのものの分類ではない。しかも、それぞれにおいてはほとんど選択の余地がないのであるから、あえて「文体」と呼ぶ必要もないものである。

第三に、かりにB・C・Dのような分類に文体を適用する意味があるとすれば、あくまでも類型的文体としてである。ただし、それは、実用的な文章・談話としてそれぞれ別個に社会的に要求され踏襲される規範にすぎず、書き手あるいは読み手を念頭においた類型相互の価値を問うものではない。

結局、文体としての価値が問われるのは、実用的ではない、書き手・話し手が意図する表現を必要とする文章・談話のみということになる。

２　文体研究の諸相

（１）

現代日本語の文体に関する研究は多いとは言えないが、その中でも主流を成すのは、次の二つである。

一つは、おもに談話に関する、社会言語学的なスタイルの研究、もう一つは、文章に関する、旧来の文体論的な研究である。

前者は、そもそも本書と立場が異なるので取り上げず、後者について、管見の範囲で、特色のある論をいくつか紹介しつつ、文体あるいは文体の捉え方の諸相を見てみる。

（２）

まずユニークなのが、佐竹秀雄（二〇一二）である。「はじめに」に、「愛犬家と愛猫家の違いが、文章表現という観点から認められるかどうか、認められるとすればどういうところなのか、また、なぜそのような違いが生じるのかを考察しようというのが、この論のねらいである」（三一頁）とある。

調査資料としたのが、愛犬家、愛猫家向けの雑誌で、それぞれの読者投稿コーナーに載った文章を対象とし、使用語彙の偏りを調査している。その結果から、「愛犬家はイヌの外見・ようすに気を配るのであるから、実生活においても自分や他人の容姿を重視するタイプで、愛猫家は外見よりもネコの動作を気にしているので、姿、形よりも振る舞いのありようを問題にするタイプである」（三九〜四〇頁）と結論づける。

佐竹（二〇一二）の中では、「表現法」や「書き方」という言葉は使われても、「文体」は一度も見られない。しかし、この論は、愛犬家・愛猫家という類型の書き手と文章のありようとの関係を捉えようとしている点で、まさに文体的である。結論の当否は、実際に犬と猫を飼う者としては何とも言いがたい。

雑誌の投稿文というのは、非実用的な文章であるからこそ、類型としての書き手の性格や気質のタイプと関係付けうるのである。

同じく投稿でも、新聞の投書を取り上げた論に、島崎洵子（二〇〇七）がある。副題に「性差を中心に」とあるように、書き手の男女による違いを問題にしている。仮説として「男性はなんとなく硬い文章、女性は柔らかい文章という印象」（六頁）を挙げ、この印象を裏付けようとするものである。

この論の特色は、表現形式だけでなく、表現内容も問題にしている点である。具体的には、テーマが私的か公的か、自らの体験を叙述しているか否かという調査項目を設けている。この二つの項目は関連性が強いことが予想されるが、実際、男性は公的なテーマで、体験叙述が少ないのに対して、女性は私的なテーマについて、自らの体験を叙述することが多いという結果だった。この結果が、硬軟という文体印象にも、その根拠となる表現形式（文末表現、品詞、語種、口語表現）の異なりにも対応しているのは、納得できることである。

文体というと、表現形式が問題にされやすいが、選択という点では、むしろ表現内容のほうが優先されるのが普通である。そのうえで、硬いテーマを柔らかく表現することは難しく、柔らかいテーマを堅く表現すれば、滑稽さが感じられるであろう。つまり、それぞれの内容に見合った表現が適切ということである。島崎（二〇〇七）は、その点を問題にしたという意味で、文体の本質的な捉え方を示しているといえる。ただし、それらが、肝腎の性差に由来するものかどうかは、なお一考を要するように思われる。

(3)

原田彩（二〇一二）は、雑誌に掲載されたレシピの文体を論じる。レシピは、料理の作り方に関する「手続き的説明文」であり、実用文に含まれる。その目的も、「料理の作り方を読者に理解させ、誌面の料理を再現させることにある」（五三頁）ので、表現はそのための最適化が図られることになる。

その最適化の核になるのが、読者層である。当の文章の内容を読者が理解でき、再現できるようにしなければならないからである。ただ、想定される読者層には、それなりの前提がある。料理の材料も調味料も調理道具も、ほとんど知らない読み手というのは、そもそも想定外である。

原田（二〇一二）が扱った資料は『主婦の友』という雑誌であり、その「対象読者は、日々家事を行う「主婦」である」（六一頁）。ということは、料理に関する知識も経験もそれなりに持っている読み手ということになる。そういう、ある程度は分かっている読者層に対する表現の最適化とはどのようなものか。

原田（二〇一二）の調査結果によれば、『主婦の友』の一九一八年の号から二〇〇八年の号までの九〇年の間に、表現の仕方にいくつかの変化が認められる。その変化は、書き手の変化によるものではなく、読み手の主婦のあり方一般の変化に対応するものであろう。たとえば、手順の整理や具体的な表現の増加と敬体や美化語の減少は、読み手である主婦の立場や状況の変化に伴う、料理作りに関する理解度や再現度の低下と結び付いていると考えられる。つまり、限られた文章量においては、読者に対する待遇に配慮すること以前に、作り方そのものを詳しく示す必要性が高まったということである。

実用文としてのレシピの、書き手の目的意図は明らかであり、その実現のための文章のあり方は、結果として読み手の理解度に応じるものでなければならない。それらの関係性において、レシピの類型的な文体が成り立つことを明らかにした論である。

広告の文体については、表現に意匠を凝らすという点で目立つので、比較的取り上げられることが多いが、水藤新子（二〇一九）は、マンション広告のコピー表現を対象としている。その「はじめに」で、「「これ以上の物件はない」と思い込ませるだけの表現――大げさな物言いや、馴染みの薄い外来語、混種から成る造語が多用されがちである」という仮説を立て、それを検証している。

言うまでもなく、広告も実用文の一つであり、書き手の目的意図は、いわゆるＡＩＤＭＡの法則に基づき、一律にきわめて明確である。要するに、買ってもらうことである。表現上、認められる異なりは、取り上げる内容（商品）とその読み手（購買層）の如何による。

水藤（二〇一九）の「まとめ」に、「いわば「個人文体」の分析に終わった憾みがある」（八〇頁）とあるが、この「個人文体」とは文字通りの個人でも個性でもなく、広告全般の中で、マンションという特定商品の広告に限ったという意味においてであろう。マンション広告という文章の文体は、著名なコピーライターによるものを除けば、水藤（二〇一九）が明らかにした文体特徴が示すように、類型的なものである。

分譲マンションの広告の場合は、それなりに関心を抱く読み手は限られるので、そこをターゲットとしたコピー表現が選択される。それが「「これ以上の物件はない」と思い込ませるだけの表現」である。

法律的に事実と異なることを表現することはできない。また、ロケーションや物件自体に大した違いがないとすれば、おのずとイメージに頼った表現になる。勢い、大げさな物言いや意表を突く表現などを多用して、まずは読み手のＡ（注意）・Ｉ（興味）・Ｄ（欲望）を喚起しようとする。そして、M（動機づけ）・A（行動）にまで及べば、広告としての最終目的が達成したことになる。

その広告表現としての成否は、広告自体を扱う限りでは、当然ながら知りえない。ただそこから推測されるのは、その、目に付くような類型的な文体が読み手（買い手）に強いインパクトを与えるにちがいないという、書き手（売り手）側の思い込みである。

講義というのは、先に紹介した「談話の分類」にも含まれるように、談話の一つであり、それも実用的な談話であるとすれば、それに応じた文体（話体）が想定される。しかし、高校までの授業とは異なり、大学での講義のように、ほぼ一方的に話す場合は、その内容も進め方も各講義者に委ねられるところが多いので、話体としても類型性よりも個別性のほうが強い談話といえるかもしれない。

それは、受講生のノートについても指摘しうる。ノートの取り方に関するマニュアルもなくはないものの、大方は板書を書き写す程度であって、自分以外の読み手がいなければ、文体としての類型性を保証するものは見出しがたい。

青木優子（二〇一七）は、そのタイトルにあるように、「講義の話体と要約文の文体」を比較する。従来は、話し言葉と書き言葉という、語彙・語法を中心とした文体比較がもっぱらであったことを考えると、談話と文章という単位での比較という点に、独自性が認められる。

その結論として、「複雑な話段の多重構造からなる講義の談話を、短い文字数で要約文としてまとめる際には、「ア・頭括型」の文章型が選ばれ」（一〇頁）ると述べる。なお、対象となった講義は「エ・両括型」の談話型である。

ここに出てくる「頭括型」や「両括型」というのは、文章・談話の全体を、そのどの部分が統括しているかによって区別する構造類型のことである。その構造類型をもって、それぞれ話体・文体と称したことになる。それはそれで良いとしても、講義の談話は両括型の話体、要約という文章は頭括型の文体、のように一般化できるものであろうか。

要約のほうは、その物理的な条件や目的からしても、どのような談話あるいは文章を元にするにしても、頭括型という類型性が強いことは推察できる。それに対して、講義については、すでに述べたように、話体の個別性が優勢であるとすれば、たまたま談話の構造意識の強い講義者だから、その講義も両括型になったにすぎないようにも思われる。

（4）

文章に関する文体研究の中枢にあるのは、今も文学（とくに小説）を対象とするものである。文体研究の始まりからしてそうなのであるが、文体とりわけ個別的な文体が顕在化するのが文学においてだからである。

文芸的文章も、小説、随筆、詩歌などのジャンルに細分され、たとえば「小説の書き方」という言い方が成り立つように、それぞれのジャンルの文章として成り立つための最低限の文体の類型性が存在する。たとえば、「散文詩」や「詩的散文」と呼ばれる文章は、詩あるいは小説というジャンルの類型的な文体を基盤にして、もう一方のジャンルの文体が交錯して成り立ったものをいう。

そのうえでの、書き手ごと、あるいは作品ごとの個別的な文体ということになるが、繰り返し述べてきたように、それらは、小説ならば小説という同一ジャンルにおける、あくまでも、他の書き手、他の作品との比較による相対的なものである。そして、同じ書き手であっても、作品によって、創作時期によって、文体が変わることは十分にありえる。

その点に注目した論に、柳澤浩哉（二〇一七）がある。副題に示されているように、「漱石はなぜ作品ごとに文体を変えるのか」、その理由を検討したものである。

柳澤（二〇一七）は、「主人公の個性が表現に反映され」、「主人公と語り手に同じ個性が与えられている」（四七頁）ことを、漱石作品の地の文における場面描写から論証したうえで、「主人公の個性を反映して語りの表現が変化すれば、文体も自然に変わる」（四二頁）と結論づける。つまり、主人公の人物設定が作品ごとに異なるので、それに見合うように文体を変えた、ということである。

ここにいう文体は、漱石個人の性格や嗜好などとの直接的な関係は、何もない。関係があるとすれば、文体を変えることのできる漱石の表現能力である。主人公と語り手に同じ個性を与えることを選択したこと自体に、自覚的・意図的だったかどうかは、分からない。

これらの作品を書いたのは間違いなく漱石である。しかし、作品ごとに変化する文体は、漱石という書き手の文体というよりも、むしろ主人公＝語り手の文体（話体）とするほうが適切であろう。そして、そういう方法を取り続けたのだとしたら、その点におけるメタ・レベルで、漱石の文体といえるかもしれないが。

漱石小説における、このような文体の差異が、漱石の書簡文にも認められることを明らかにしたのが、茗荷円（二〇一四）である。

茗荷（二〇一四）は、妻の鏡子、門下生の小宮豊隆、友人の正岡子規、仕事関係者の山本松之助の四人の、それぞれにあてた書簡における、いわゆる書簡用語の表現を比較して、その違いが現実の対人関係に対応するものであることを示した。

この結果自体は、一般にも予想されるところであり、実用文ならではの、読み手の如何に関わる類型性をふまえた差異であって、漱石だからこそということにはならない。その点、非実用的な小説の場合とは大きく異なる。

それでも、友人の子規や妻の鏡子にあてた書簡には、社会的関係のありようだけには収まらない、表現のバラエティが見られる。そこに、書き手と読み手との、より個人的な、その分だけ規範から自由な表現を生み出そうという文体意識がうかがえる。

3　脚本の文体

（1）

演劇、映画、放送ドラマの登場人物のせりふを中心として構成された文章が、脚本（台本、シナリオとも）である。せりふの間には、登場人物の所作や表情、場面設定などを指定するト書きというのが差し挟まれる。

「戯曲」あるいは「レーゼ・ドラマ」という、その文章単独で文学作品となるものもあるが、通常は演者が芝居において話すことを想定して書かれたものである。その意味で、脚本は文字で書かれたという点では文章であるが、音声によって話されることを想定しているという点で談話である。

文体の諸相の一つとして、ここで脚本を取り立てるのは、そのヌエ的な性質ゆえか、文体例として扱われることがほとんどないからである。前提として問われるのは、脚本の文章の何をもって、文体的特徴とみなすか、である。

中心となるせりふは、各登場人物の人物造形との関わりが強く、それぞれの特徴は、各人物の話体と結び付くことになる（第3章で取り上げた役割語は、まさにその点を捉えたものである）。ト書きは言語外の指定が主であるから、対象外にするとしても、各せりふの全体を通して帰納しうる文体というのは見出すことができるものであろうか。そもそも脚本は、せりふを中心とする以上、小説の地の文とは違って、書き手もしくは語り手らしさが表現上にそのまま現れることがないからである。

ただ、たとえば、時代劇とか翻訳劇とか児童劇とかならば、そのそれぞれのジャンルの脚本としての類型的な文体は考えられる。また、一人芝居のように、全編が一人の語りによって構成されるものならば、小説と同様の扱いが可能であろう。

もちろん、個々の脚本家、あるいは個々の脚本作品の個性、特徴は指摘できる。せりふ回しの良し悪しが評価されることもある。しかし、それらは文章全体としての文体そのものに関わるわけではない。

(2)

ここでは、向田邦子のテレビドラマ脚本の代表作「あ・うん」を例として、その文体のありようを探ってみる。

「あ・うん」は、一九八〇年の三月に、ＮＨＫ総合テレビの「ドラマ人間模様」シリーズの一つとして、四週連続で放送された。その好評を受け、翌年には、五月から六月にかけて、「続あ・うん」が五週連続で放送された。

主な登場人物は、水田仙吉と妻のたみ、娘のさとこ、父の初太郎、そして仙吉の友人の門倉修造と妻の君子、愛人の三田村禮子、である。

ドラマは、仙吉とたみと修造の三角関係を中心として展開する。向田の書いた企画書には、

「男と女のドラマであり、二つの家の物語であり、日本のある時期の姿でもある。そんな作品を考えています」（向田邦子（二〇〇九）四一三頁）とある。

（3）

「あ・うん」という脚本の具体的な様相を知るために、サンプルとして、その第一回「こま犬」を取り上げる。テクストは向田邦子（二〇〇九）を用い、せりふは話者が表示され、カギカッコでくくられた部分に限定し、それ以外をト書きとする。

なお、かごしま近代文学館所蔵の「あ・うん」の自筆原稿は、シナリオ用の原稿用紙に書かれている。上下二段に分けられ、上部四分の一程度の無罫部分がト書き用、下部の升目部分がせりふ用で、向田はその区分に従って書き分けている。

全体は四一の場面に分けられ、「仙吉の家・風呂場」から始まり、「玄関」で終わる。せりふとト書きを合わせた文章の分量を、便宜的にテクストの行数で示すと、全八〇九行となる。そのうち、せりふに相当するのが四六四行、全体の五七・四％である。

脚本はせりふを中心として構成される文章ではあるが、「あ・うん」の場合、この程度のせりふの量は、じつはト書きとそう大きく変わらない。逆に言えば、「あ・うん」ではト書きによる、せりふ以外の指示が多いということである。これは一般的な脚本の傾向と大きく異なる点であろう。

せりふの相対的な少なさは、一つ一つのせりふの短かさも関わる。全部で四〇〇例あるが、そのうち一行だけなのが三六二例にのぼり、全体の九割以上に及ぶ。長くても、せいぜい五行で、四例しか見られない。

さらに、一行だけの三六二例のうちの三〇例は「――」のみで、言葉が発せられないという表示、つまり無言であることも付け加えれば、せりふが少ないという印象をより強めることになろう。

無言を表わす「――」という表示は、小説にも広く認められるものであるが、「――（肩をどやす）」（二六頁）、「――（判らない）」（三五頁）のように、小説ならば、当然、地の文に表現されそうなことが、カギカッコで括られるせりふ内にマルカッコで表示されることがある。また、「――」は用いないものの、「（絶句している）」（二一頁）、「（うなずく）」（二六頁）、「（首筋をかいている）」（二九頁）、「（靴をぬいでいる）」（三四頁）、「（うめく）」（四三頁）、「（礼）」（五〇頁）などのように、実際には無言のままの動作を示すことがあり、これらは脚本では普通なら、ト書きに相当するものであろう。

このような、せりふにト書きが入り混じっているケースは、無言以外でも見られる。「(低いがきつい声で) 木のはなしはよせ」(一七頁)、「――(ショックだが、わざとつめたく) 毎度のことだ。ほっとけ」(三八頁)、「――(静かに、しかし、はっきりと) 門倉さん、それだけは勘弁して下さいな」(三六四頁)、「(孫の口を封じるようにポツンと呟く)『夫婦相和シ』」(五一頁) などのように、話し方を指定するものや、「(また思い出し笑いになってしまう) 大砲がついていたら、あきらめるってさ。(略)」(二九頁)、「いただきます (茶をすすって) じゃあ、子供上げないんですか」(四四頁)、「そのはなしは (目くばせ)」(四七頁) などのように、発話に伴う動作を指定するものもある。

いっぽう、ト書きの相対的な多さは、その中に、さと子のナレーションが含まれることも関わる。「さと子の声」と表示され、それぞれの場面で交わされる会話のやりとりとは別次元のものである。そのナレーションは八か所に見られ、全部で三〇行、ト書き全体の分量の一割以上を占める。

このナレーションは、単に量的な問題としてだけではなく、内容的にも重要性も持つ。

一つは、せりふに入れると説明的で冗長になりがちな、背景的な事情を語らせるという点である。たとえば、最初に出てくるナレーションは、さと子の声『『仙吉は神田の或る秤屋の店に奉公している』これは、志賀直哉の『小僧の神様』の書き出しです。これを読んだ時、私は笑ってしまいました。父がこの小僧と同じ名前だからです。父の名前は水田仙吉。秤屋ではなく製薬会社に勤めていますけど、四国の松山出張所長から本社の課長に栄転になって、私たち一家は、五年ぶりで東京へ帰ってきたところです」

（五頁）

であるが、このシーンは家族の汽車内での映像を見せるだけにして、水田家当主の名前のユーモラスな紹介に始まり、その状況を簡潔に説明するものになっている。

もう一つは、ドラマ内の出来事に対する当事者以外の視点を示すという点である。たとえば、仙吉とたみが、子供が出来たら修造に譲る譲らないで揉めているところを盗み聞きした後の、

さと子の声「何かのはずみで今迄見えなかったものが、突然見えて来ることがあります。父と母と、その横にいつも立っていた門倉のおじさんの影が、月夜の影法師のように見えて来ました」

（三二一〜三二二頁）

のような感想は、まだ知らない大人の世界の出来事を垣間見た娘の視点からのものであるが、同時に、それを通しての、このドラマに関する書き手・向田の視点でもある。

向田邦子（二〇一九）では、コラムニストの青木雨彦に、次のように語っている。

テレビのシナリオでは、地の文で表わしてはいけないということがいっぱいあるんです。たとえば、この主人公はこう思っているけれども、口でこう言っているというふうには書けない。

（二四六頁）

向田の言う「地の文」とは、脚本の中心という意味で、ト書きではなくせりふのことであろう。「地の文で表わしてはいけないということがいっぱいある」というのが脚本一般に言えることならば、向田は、主人公の思いを、登場人物の一人のナレーションの形で第三者的に示そうとしたと考えられる。このような形での、ナレーションの重用も、「あ・うん」の特徴といえよう。

（4）

「あ・うん」におけるせりふ四〇〇例のうち、人物別に分けると、もっとも多いのが仙吉で一一二例、次いで、たみが一〇八例、門倉が八三例となり、この三人で全体の四分の三にも及ぶ。以下、禮子が三〇例、さと子が二八例（ナレーションを除く）、君子が一四例、初太郎が一一例で、以上の主要なこの六人で、せりふのほとんどを占める。

このような結果は、「あ・うん」というドラマにおけるシノプシス（粗筋）と人物設定のありようを如実に示すものである。しかし、これ自体は作品文体の基盤になるとはいえ、文体そのものとは言いがたい。また、個々の人物のせりふの表現上の差異は、すでに述べたように、個々の話体の違いを示すものであって、全体としての文体のありようと結び付くわけではない。むしろ、個々の差異を越えて共通に認められる表現上の特徴があるかが、問題である。

そこで注目されるのが、比喩である。向田の比喩の卓抜さは随筆や小説の文章においてよく知られていることであるが、それは脚本においても認められる。

たとえば、

仙吉「(略)。おい、感電すンなよ」

門倉「――電気は明るいんだよ。ハハ、こりゃ、当たり前だ。（略）」（一六頁）

というやりとりにおける門倉の「電気は明るい」という、喩義と字義を重ねた表現や、

仙吉「やっぱり、うなぎは軍縮だよ」
一同「え？」
仙吉「や、いや、うなぎは東京だよっていうつもりがさ」
門倉「うなぎは軍縮か――」
　二人の男も女たちも大笑い。
　初太郎もフンとかすかに失笑する。
門倉「似てないこともないぞ。いやあ、うなぎと軍縮だよ。あっちへヌラリ、こっちへヌラリ。（略）」（一九〜二〇頁）

という、直前までの話題を引き摺った仙吉の言い間違いを、門倉が無理に比喩としてこじつけようとする表現など、門倉という人物だからという側面もなくはないが、気のおけない友人同

士の会話の軽妙なやりとりを活写している点で、特徴的である。

また、たみとのやりとりにおける禮子の、

禮子「(略)『カンジンより』じゃあるまいし、そう簡単に切れますかよ。(略)」(四三頁)

という、今では耳にしない「カンジンより」(観世縒り。和紙を細かく裂いて、それを糸のように縒ったもの)による比喩や、

禮子「――『水田の奥さん』ていうとき、違うんですよ。男の子が大事にしてるアメ玉、口の中で転がすみたいに言ってるわ」(四五頁)

という、門倉の話しぶりに関する比喩も目を引く表現である。

このような比喩表現は、せりふの中だからこそであり、言語外のさまざまな具体的指定をするト書きには、本来なじまないはずである。ところが、「あ・うん」のト書きには散見される。せりふとト書きの中間に位置付けられるナレーションの中にも、

さと子の声「(略)。木を見るとき葛桜のようなおじいちゃんの目が、別の人みたいに輝きます」
(三七頁)

のように出て来るし、文字通りのト書きにも、

闇の中を、人魂のように二つの提灯が、フワリフワリとゆれて動いてゆく。
(二一頁)

夫婦の間に微妙なものがとびかう。
(三二頁)

君子、少し笑う。嫉妬、哀しみ、怒り、さまざまなものを塗りこめた笑い。
(三五頁)

などのように、演出者や演者がとまどいそうな表現による指定が行なわれている。
そして、ドラマの最後のシーンでの、ト書きとせりふとの関係において、

(略)

不意に男の号泣が起る。

庭を見て縁側にすわっていた門倉である。
少しはなれて、その横に凝然とすわる仙吉。
天井を見たままのたみ。
その目尻から涙が流れている。
二人の男はひざを抱え、同じ姿勢。
（略）
初太郎「『こま犬』だな」　（五〇～五一頁）

という、「あ・うん」の主題に関わる、最後を飾るにふさわしい比喩が、その場の仙吉と修造の二人の様子に関して、仙吉の父・初太郎のせりふとして用いられている。

このような、せりふかト書きかを問わず、それぞれの場面を印象付ける比喩の用い方は、向田の、あるいは「あ・うん」という脚本全体の文体に関わる表現上の特徴であるといえよう。

4　小説との比較

（1）

「あ・うん」という脚本は、テレビ放送の翌年、一九八一年の『別冊文藝春秋』五月号に、向田自らの手によってノベライズされ、「狛犬～やじろべえ」というタイトルで発表された。全体の設定や展開に変わりはなくても、脚本と小説というジャンルの違いは、当然、それぞれに応じた、異なる文体を求める。同じ書き手、同じ内容であるなら、そのことが鮮明に現れるはずである。前節と同じく「あ・うん」の第一回分を例として取り上げ、両者の文体にどのような違いが認められるか、確かめる。なお、小説は向田邦子（一九八七）をテクストとする。

（2）

まずは、冒頭部の対応部分を比較してみる。

〈脚本〉

焚き口にうずくまり風呂を沸かしている門倉修造（43）。

薪を入れ火吹き竹で吹く。

金のかかったモダンな背広姿。

門倉の会社の小使い大友金次（60）がとんでくる。

大友「社長！　社長さん。そんなことは、自分が」

門倉「風呂焚きは俺がやりたいんだよ」　（一二頁）

〈小説〉

門倉修造は風呂を沸かしていた。

長いすねを二つ折りにして焚き口にしゃがみ込み、真新しい渋うちわと火吹竹を器用に使っているが、そのいでたちはどう見ても風呂焚きには不似合いだった。三つ揃いはついこの間銀座の英國屋から届いたものだし、ネクタイも光る石の入ったカフス釦も、この日のために吟味した品だった。

小使いの大友が、

「社長」

と何度も風呂場の戸を開け、自分が替りますと声をかけたが、そのたびにいいんだと手を振った。

「風呂焚きはおれがやりたいんだよ」　（二一一頁）

脚本のト書きは、小説のほぼ地の文に写されているが、異なる点が二つある。一つは、修造の身なりや動作が、小説のほうはより詳しく描かれている点、もう一つは、小説では「そのいでたちはどう見ても風呂焚きには不似合いだった」のようなコメントが加えられている点である。

これらは、脚本の場合は、映像による情報も与えられるのに対して、小説のほうは言葉だけの情報に頼るという違いに基づく。

せりふにおいては、最後の修造のせりふが脚本と小説でまったく同一なのは、水田家に対する熱い想いを込めたものとして、小説でもそのまま生かしたかったからであろう。それに対して、小使いの大友のせりふは、小説では、会話文と地の文に説明的に溶け込ませてあり、結果として、最後の修造のせりふがより際立つようにしてある。

末尾部は、次のとおりである。

〈脚本〉

さと子の声「おじいちゃんが呟いたのは教育勅語の一節です。『夫婦相和シ』たしかに、うちの父と母のことです。『朋友相信ジ』たしかに、父と門倉のおじさんのことです。でも、本当にそれだけなのでしょうか」

うす暗い電灯の下の二人の男と一人の女。

〈小説〉

不意にさと子は、教育勅語の一節を思い出した。

「夫婦相和シ」

「朋友相信ジ」

白い手袋をはめて、校長先生が奉読し、一同頭を垂れて聞いたが、父と母と門倉のおじさんの場合は、それだけではないのだ。

ふたつの言葉の奥に、暗いどきどきするような洞穴があるような気がしていた。

（二四二頁）

小説において、脚本から改変されているのは、次の三点である。

第一に、教育勅語の一節は、脚本では初太郎が口にしたことになっているのに対して、小説ではさと子自身の経験から思い出したことになっている点である。第二に、脚本では、最後のト書きの一文によって、仙吉と修造とたみの三人の様子がクローズ・アップされるのに対して、小説では、さと子の思いで結ばれている点である。そして、第三に、脚本では、「でも、本当にそれだけなのでしょうか」のように、漠然とした問いが投げかけられているだけなのに対して、小説では、「暗いどきどきするような洞穴があるような気がしていた」のように、比喩を用いてより踏み込んだ形になっている点である。

第一点と第二点は、冒頭部と同様、映像も想定する脚本と、言葉のみによる小説という、ジャンル媒体の違いに配慮した結果であろう。第三点は、内面描写、主題提示のしかたという点において、とくに重要である。脚本において、向田はさと子のナレーションという方法によって、間接的にそれらを表現しようとしたが、小説では、語り手の視点から、さと子の内面を描写し、それによって主題に関わる内容を示すことが可能になったのである。

(3)

「あ・うん」第一回の「こま犬」の脚本が四一の場面に分けられているのに対し、小説は空白行によって九つの場面に分けられ、大幅に減少し整理されている。また、脚本では、せりふのない、つまり映像のみのカット割りの場面が一一もあるのに対して、小説では、地の文のみという場面は一つも見られない。

脚本のせりふ四〇〇例（行数では全体の五七・四％）に対して、小説の会話文数は一五四例（行数では全体の三五・二％）になっている。脚本に比べ、小説になると、会話文よりも地の文が主流を成すことが明らかである。

せりふ数（会話文数）は、小説では脚本の約四割程度まで削られたことになる。せりふの語り手の中心である仙吉、たみ、修造の三人に限って、その減り具合を見てみると、仙吉が一一二例から五六例減の五六例、たみが一〇八例から七六例減の三二例、修造が八三例から四一例減の四二例であり、中ではたみの減り方が著しい。これには、「――」で示される無言が、仙吉の七例、修造の四例に対し、たみが一二例もあり、それが小説ではすべて省かれていることも関係していよう。

ここで留意したいのは、小説に見られる会話文がすべて脚本のせりふをそのまま生かしているわけではないという点である。一つのせりふが二つの会話文に分割されたり、逆に二つのせりふが一つの会話文に統合されたりする場合もある。それだけではなく、脚本にはないせりふが、新たに小説で会話文として現れるのが五例も見られる。

一例を挙げる。冒頭近くで、修造が水田一家の新居に用意した米を確かめるたみの様子を、脚本では「米をすくい上げる、たみ。さらさらと米をこぼす。遠い目になる。見ているさと子」（九頁）のように、ト書きで示すだけであるが、小説では、それを地の文で示した上で、さと子に「お母さん、高松のお米と東京のお米は違うの」（二一六頁）と声を掛けさせている。

脚本と小説の性格の違いを考えると、むしろ逆の関係のほうがふさわしいように思われるが、じつは、小説では、この声掛けに気付かないでいるたみに対するさと子の捉え方（それは直接には、脚本では表現しえなかった）を地の文で明確に示すための布石として、新たに書き加えたとみなされる。それは次のような箇所である。

米をすくい上げてはこぼしているたみの、目の下の盛り上ったところが、いつもよりふくらんでうす赤くなっている。急に笑ったり泣いたり、気持がたかぶったとき、母はこういう目になる。門倉のおじさんの心遣いが嬉しいのだとさと子は思った。もうひとつわけがあると気がついたのは、しばらくあとのことである。

（二一六〜二一七頁）

脚本にはなかった、たみの顔の表情が詳しく描かれ、それを「門倉のおじさんの心遣いが嬉しいのだとさと子は思った。」に結び付けているのである。脚本の「遠い目になる」というト書きだけでは、そこまでを読み取るのは無理であろう。

「あ・うん」の脚本のト書きにおいて特異な位置にある、さと子のナレーションは、小説ではそのままの形では用いえない。実際、どうなっているかを確認すると、八例のナレーションのうち、一例はカットされ、六例が地の文に埋め込まれ、あと一例はさと子の思いとして地の文に残されている。ほとんどを占める、地の文へのナレーションの埋め込みは、その視点が、さと子を離れて、語り手に移ったことを物語るものであり、まさに脚本が小説になったことを示すものである。

(4)

向田邦子「あ・うん」という作品を取り上げ、文体の諸相の一つとして浮き彫りになった、脚本の文体的特徴は、次の三点にまとめられよう。

第一に、脚本では、書き手あるいは語り手の視点を直接に示すことができないため、それを補う何らかの表現上の方策がとられるということである。「あ・うん」の場合、それはさと子のナレーションの導入であった。

第二に、脚本では、登場人物のせりふのそれぞれの話体は各登場人物の個性に還元されるとしても、ト書きも含め、全体として文体的特徴と認められる表現上の共通性が認められる可能性はあるということである。「あ・うん」の場合、それは向田独自の比喩表現であった。

第三に、脚本一般としては、登場人物のせりふが文章の中心となるのが基本ではあるが、個々においては、その質量には違いがあり、それ自体が個別的な文体の違いと結び付きうるということである。「あ・うん」においては、せりふの相対的な少なさや、せりふへのト書き相当の混入などが認められた。

ちなみに、向田自身も「私としては自分の生活をきめこまやかにして、その月並みな生活から出た個性をドラマに反映させたい。文章に文体があるようにテレビでもラジオでも一分聞いて、〝あーあの人だ〟とわかるようになればね」（『東京新聞』一九六六年五月二一日付朝刊「わたしとドラマ」欄）のように、脚本を書き始めた当初から、脚本ならではの文体を強く志向していたのであった。

参考文献

青木優子（二〇一七）「講義の話体と要約文の文体―接続詞の表現特性―」『文体論研究』六三
佐竹秀雄（二〇一一）「愛犬家と愛猫家の表現法―投稿文における語彙と表現―」『武庫川女子大学言語文化研究所年報』二三
島崎洵子（二〇〇七）「新聞投書の文体分析―性差を中心に―」『武庫川女子大学言語文化研究所年報』一九
水藤新子（二〇一九）「マンション広告の文体」『文体論研究』六五
中村明他編（二〇一一）『日本語文章・文体・表現事典』朝倉出版
原田彩（二〇一二）「レシピの文体に関する研究―雑誌『主婦の友』の料理記事を対象に―」『国文』（お茶の水女子大学）一一七
半沢幹一（二〇一八）「ラジオ台本「森繁のふんわり博物館」の談話」向田邦子研究会編『向田邦子文学論』新典社
茗荷円（二〇一四）「漱石書簡文に見られる文体差―対人関係を中心に―」『表現研究』九九
向田邦子（一九八七）『向田邦子全集　第三巻』文藝春秋
向田邦子（二〇〇九）『向田邦子シナリオ集1　あ・うん』岩波書店
向田邦子（二〇一九）『お茶をどうぞ　向田邦子対談集』河出書房新社
柳澤浩哉（二〇一七）「前期三部作における主人公の個性と表現の関係―漱石はなぜ作品ごとに文体を変えるのか」『表現研究』一〇四

第5章　文学文体

1　文学と文体

一九七〇年代後半、季刊文芸雑誌に『文体』というのがあった。わずか足かけ四年、一二号で廃刊となったのであるが、その頃の文体熱の高まりが相当なものであったことが知れる。これを創刊した編集同人（後藤明生、坂上弘、高井有一、古井由吉）の四人はいずれも当時の純文学系の現役作家であり、彼らがまとめた『文体とは何か』（平凡社、一九七八年）というアンソロジーの「おわりに」で、『文体』創刊の志に関して、次のように述べている。

われわれが考えたことは、一言でいえば、文体の重視ということであった。すなわち文学作品の本質にかかわる最も重要なものとして、文体を考えるということである。文体というものを、作家の個性を形づくる最も重要なものとして考え続けるということである。（略）ものみな走り過ぎて行く状況の中であるからこそ、「文体とは何か」と問うことは、すなわち「文学とは何か」と問うことにならざるを得ないだろうと思うからである。

（二八六頁）

文体＝文学＝作家の個性、という捉え方である。このような捉え方がその後どうなったかといえば、作家自身においてはもとより、近代文学研究の世界でも、文体が事々しく取り上げられることはほとんどなくなり、文体研究も往年の勢いを失っているのが現実である。

そのような中、今やほぼ唯一といってもよいくらい、文体の重要性を訴えている作家がいる。しかも世界的な人気と評価のある作家であるから、その発言の影響力もそれなりに大きいと考えられる。村上春樹である。

川上未映子・村上春樹（二〇一七）は、川上のインタビューに村上が答えた内容をまとめたものであるが、全体にまさに「文体とは何か」について語った書といえる。なぜ、村上がそれほど文体にこだわるのか、彼の言に即しながら、考えてみたい。

2　村上春樹と文体

（1）

村上は、日本における文学のあり方あるいはその評価の仕方について、次のように、文体が重んじられていないことに、繰り返し疑問を呈する。

いわく、「思うんだけど、日本の文壇というのは、文体ということについてあまり考えてないというか、評価してないのかな」、「文体を正面から取り上げる人があまりいないような気がするんですよね。不思議なんだけど」、「僕にとっては文体がほとんどいちばん重要だと思うんだけど、日本のいわゆる「純文学」においては、文体というのは三番目、四番目ぐらいに来るみたいです」、「どうしても観念的なもの、思想的なものが注目を浴びて、文体はいつも順位として下に置かれてきたみたいな印象があります。あるいは「純文学」というフレームの中で、妙なバイアスをかけられ続けてきたような」などなど。

村上のデビュー当時はまだあったはずの文学界における文体ブームを、あたかも知らなかったかのような物言いをしている。

その一方で、「英語で「Style is an index of the mind.」って言葉があるんですが、これは「文体は心の窓である」って訳されています。Index というのは「指標」のことですね。こういう言い回しがあるぐらいだから、少なくとも英米では、スタイル（文体）というのはずいぶん大きな意味を持っています」（川上・村上（二〇一七）二三二頁）と言う。

このように村上が日本と英米とでの違いを言うだけの背景には、次のような事情があった。

僕が外国で本を出していちばん嬉しかったのは、多くの人々（読者や批評家）が「村上の作品はとにかくオリジナルだ。他の作家の書くどんな小説とも違う」と言ってくれたことです。作品自体を評価するにせよ、しないにせよ、「この人は他の作家とは作風がまるで違う」という意見が基本的に大勢を占めていました。日本で受けた評価とはずいぶん違っていたので、それは本当に嬉しかった。オリジナルであるということ、僕自身のスタイルを持っているということ、それは僕にとってのなによりの賛辞なのです。

（村上春樹（二〇一六）三一一頁）

また、このような実績をふまえてであろう、「僕はもう四十年近くいちおうプロとして小説を書いてますが、それで自分がこれまで何をやってきたかというと、文体を作ること、ほとんどそれだけです。とにかく文章を少しでも上手なものにすること、自分の文体をより強固なものにすること、おおむねそれしか考えてないです」（川上・村上（二〇一七）一二〇頁）としたうえで、「僕は小説をある程度うまく書けるし、僕よりうまく小説書ける人というのは、客観的に見てまあ少ないわけですよね、世の中に」や「こういうのはたぶん僕にしかできないんだという実感があります。「どや、悪いようにはせんかったやろ」と。この実感は何ものにも代え難い（笑）」（同上三〇九頁）などのように、関西弁を交えて、その自信・自負のほどを示している。

同様のことを、村上春樹（二〇一六）にも述べていて、「特定の表現者を「オリジナルである」と呼ぶ」ための基本的な条件として、あくまでも文体（スタイル）に重点を置いて、次の三点を挙げる。

（1）ほかの表現者とは明らかに異なる、独自のスタイル（サウンドなり文体なりフォルムなり色彩なり）を有している。ちょっと見れば（聴けば）その人の表現だと（おおむね）瞬時に理解できなくてはならない。

（2）そのスタイルを、自らの力でヴァージョン・アップできなくてはならない。時間の経過とともにそのスタイルは成長していく。いつまでも同じ場所に留まっていることはできない。そういう自発的・内在的な革新力を有している。

（3）その独自のスタイルは時間の経過とともにスタンダード化し、人々のサイキに吸収され、価値判断基準の一部として取り込まれていかなくてはならない。あるいは後世の表現者の豊かな引用源とならなくてはならない。

（九九～一〇〇頁）

しかしじつは、これらはとくに目新しいことではなく、第1章冒頭で取り上げた井上ひさし（一九八一）の「文章形式・文章流儀・文章成果・文章様式」という、文学における文体の四段階の分類とほぼ同じことを言っている。あえて違いを指摘するならば、村上の挙げる（2）の、スタイルの「ヴァージョン・アップ」という、単なる経験の蓄積や加齢に伴う変化とは異なる、自発的な練磨を取り立てた点である。

このような、文体に対する村上の、異様ともいえるこだわりは、裏返せば、彼のデビュー作以来、論評されてきたことの中心が、まさに彼の新しい（とされた）文体にあったからである。

(2)

村上（二〇一六）は、デビュー作「風の歌を聴け」に関して、次のように語る。

ときどき「おまえの文章は翻訳調だ」と言われることがあります。翻訳調というのが正確にどういうことなのか、もうひとつわからないのですが、それはある意味ではあたっているし、ある意味ではずれていると思います。最初の一章分を現実に日本語に「翻訳した」という字義通りの意味においては、その指摘には一理あるような気もしますが、それはあくまで実際的なプロセスの問題に過ぎません。僕がそこで目指したのはむしろ、余分な修飾を排した「ニュートラルな」、動きの良い文体を得ることでした。僕が求めたのは「日本語性を薄めた日本語」の文章を書くことではなく、いわゆる「小説言語」「純文学性」みたいなものからできるだけ遠ざかったところにある日本語を用いて、自分自身のナチュラルなヴォイスでもって小説を「語る」ことだったのです。（五三～五四頁）

この、いわゆる「翻訳文体」、とりわけ何人かの現代アメリカ作家の文体を翻訳あるいは模倣したということが、村上作品に対する何よりの評価として、毀誉褒貶取り混ぜて指摘された。実際に、村上は外国小説の翻訳も数多くこなしてきたので、そのように見られても仕方ないという面もあった。ただ、彼にとって我慢がならなかったのは、日本においては、「翻訳文体」＝オリジナルではない、という一点にあったと考えられる。

そして、「風の歌を聴け」からちょうど二十年後、中・長編小説としては第九作となる「スプートニクの恋人」において、村上は自らの、そういうスタイルのバージョン・アップを図るための試みを、次のように語る。

とにかく僕的な文章、あるいはそれまで「村上春樹的文章」とされてきた文章を、つまり比喩をたくさん使った軽快な文章みたいなのを、とにかくやれるところまでとことんやって、「もうこれはいいや」と思って、そのあとに違った文体が出てくるといいなって。

（川上・村上（二〇一七）一九一頁）

この発言にも見られるのであるが、村上は「僕にとって文章をどう書けばいいのかという規範は基本的に二個しかないんです」と言い、その一つに「会話」、もう一つに「比喩」を挙げ、「そのコツさえつかんでいれば、けっこういい文章が書けます」（同上二一八頁）と述べている。少なくとも初期の村上文体＝翻訳文体が、会話と比喩という二つの指標によって特徴付けられ、それが「スプートニクの恋人」という作品に最大限に現われているということになるが、はたしてどうか、以下に検証してみたい。

なお、テキストは村上春樹（二〇〇二）による。村上のとくに初期作品における比喩そのものの特徴については、はんざわかんいち（二〇一五）を参照されたい。

（3）

結論から言えば、表現自体としては、村上の発言どおり、彼らしい会話も比喩もほぼ全編にわたって、ちりばめられてはいる。それをもって、村上オリジナルの文体と言えなくもないが、「語り口、文体が人を引きつけなければ、物語は成り立たない」（川上・村上（二〇一七）九九頁）とすれば、この作品における物語は成り立っていないように思われる。

なぜなら、いわゆる初期の鼠三部作（『風の歌を聴け』『1973年のピンボール』『羊をめぐる冒険』）では感じられた、「軽快」さも「ナチュラル」さも、物語や登場人物とのフィット感（ギャップも含めて）も感じられないからである。そうなってしまったのは、おそらく村上のそれまでの表現方法を「とにかくやれるところまでとことんやっ」た結果として、その限界が露呈することになったからであろう。

作品冒頭は、次のような、愛読者にとってはなじみ感のある、いかにも村上らしい、過剰な比喩によって始まる。

22歳の春にすみれは生まれて初めて恋に落ちた。広大な平原をまっすぐ突き進む竜巻のような激しい恋だった。それは行く手のかたちあるものを残らずなぎ倒し、片端から空に巻き上げ、理不尽に引きちぎり、完膚なきまでに叩きつぶした。そして勢いをひとつまみもゆるめることなく大洋を吹きわたり、アンコールワットを無慈悲に崩し、インドの森を気の毒な一群の虎ごと熱で焼きつくし、ペルシャの砂漠の砂嵐となってどこかのエキゾチックな城塞都市をまるごとひとつ砂に埋もれさせてしまった。みごとに記念碑的な恋だった。恋に落ちた相手はすみれより17歳年上で、結婚していた。さらにつけ加えるなら、女性だった。それがすべてのものごとの始まった場所であり、(ほとんど)すべてのものごとが終わった場所だった。（七頁）

この冒頭の比喩が、引用最後の一文から見れば、作品全体を要約してしまっているようにも受け取れる。このような長大な比喩による要約的な始まり方は、これ以前の彼の中・長編小説には見られなかったものであり、村上の語る「読者を眠らせるわけにはいきませんから、そろそろ読者の目を覚まさせようと思ったら、そこに適当な比喩を持ってくるわけ。文章にはそういうサプライズが必要なんです」（川上・村上（二〇一七）二四頁）に当てはまるとも言いがたい。

この比喩は以下のように、同じ第１章で繰り返される。

「君の性欲のゆくえについては、なんとも言えない」とぼくは言った。「それはどこかの隅っこに隠れているだけかもしれない。遠くに旅に出て、帰ってくるのを忘れているのかもしれない。でも恋に落ちるというのはあくまで理不尽なものだよ。それはなにもないところから突然やってきて、君をとらえてしまうかもしれない。明日にでも」

すみれは空からぼくの顔に視線を戻した。「平原の竜巻のように？」

「そうとも言える」

彼女はしばらくのあいだ平原の竜巻のことを想像していた。

「ところで平原の竜巻って、実際に見たことある？」

「ない」とぼくは言った。武蔵野では（ありがたいことに、というべきだろう）なかなか本物の竜巻を目にすることがない。

そしておよそ半年後のある日、ぼくがいみじくも予言したとおり唐突に理不尽に、彼女は平原の竜巻のような激しい恋に落ちたのだ。17歳年上の既婚の女性と。その「スプートニクの恋人」と。

（二七～二八頁）

この「ぼく」と「すみれ」のような、比喩を織り込んだ会話のやりとりは、村上の初期作品にも多用されるものであるが、気を付けておきたいのは、この箇所から冒頭に遡るならば、竜巻の比喩という発想はもともと語り手の「ぼく」ではなく、「すみれ」という、語られる女性のほうにあったということである。

さらに気になるのは、件んの恋の比喩として重要性を持つはずの、この表現とは微妙に異なる例も、第1章には見られることである。

ミュウに髪を触られた瞬間、ほとんど反射的と言ってもいいくらい素早く、すみれは恋に落ちた。広い野原を横切っているときに突然、中くらいの稲妻に打たれたみたいに。（一五頁）

わたしはやはりこの人に恋をしているのだ、すみれはそう確信した。間違いない（氷はあくまで冷たく、バラはあくまで赤い）。そしてこの恋はわたしをどこかに運び去ろうとしている。しかしその強い流れから身を引くことはもはやできそうにない。（三九頁）

そのうえで、最終章（第16章）に、もう一度、まるで首尾照応のためだけのように突然、竜巻の比喩が現われる。

まるでぬけがらみたいだ——それが彼女に対してまず最初に感じた印象だった。ミュウの姿はぼくに、人々がひとり残らず去ってしまったあとの部屋を思わせた。なにかとても重要なものが（それは竜巻のようにすみれを宿命的に引き寄せ、フェリーのデッキにいるぼくの心を揺さぶったなにかだった）、彼女の中から最終的に消滅していた。（三一二頁）

もう一つ、「スプートニクの恋人」の中には、その理由がよく分からない比喩がある。次のような、煙の比喩である。

「いったいなにがあったんですか？」とぼくは尋ねた。
ミュウはテーブルの上で両手の指を組み合わせ、ほどき、また組み合わせた。
「すみれは、消えてしまったの」

「消えた？」

「煙みたいに」とミュウは言った。（一四三頁）

「ここに来てどれくらいになるんですか？」、ぼくはそう切り出してみた。

「今日で八日目だったと思う」とミュウは少し考えてから言った。

「そしてすみれはここからいなくなってしまったんですね？」

「そう。さっきも言ったとおり、煙のように」（一四七頁）

「あなたはすみれがこの島で行方不明になって、煙のように消えてしまったと言った。４日前に。そして警察に届け出た。そうですね？」（一六三頁）

すみれのゆくえはわからないままに終わってしまった。ミュウの言葉を借りれば、彼女は煙のように消えてしまったのだ。（二六二頁）

「（略）友だちがギリシャのある小さな島でゆくえがわからなくなってしまって、探しに行ったんだ。でも残念ながら見つからなかった。ただ静かに消えてしまった。煙みたいに」

（二九二頁）

つまり、「すみれ」は「竜巻」のような恋に落ち、やがて「煙」のように消えてしまったというわけである。さらに、「すみれ」が子どもの頃に飼っていた猫のエピソード（「すみれ」の失踪と重ね合される）においても、「猫はそのまま消えてしまったの。まるで煙みたいに」（二六二頁）のように、傍点付きで表現される。

これによれば、さきほども指摘したが、竜巻の比喩同様、煙の比喩もまた「すみれ」によって語られたものであり、それを「ミュウ」なり「ぼく」なりは踏襲・反復しているにすぎない。対して、語り手の「ぼく」みずからの煙の比喩は、次のように、それとはまったく質の異なる表現になっている。

> 電話を通してきこえてくる彼女の声は遠く、無機質なものに歪められていたが、それでもそこにある緊張の響きは十分感じとれた。堅くこわばったなにかが、まるでドライアイスの煙のように電話口から部屋の中に流れだし、それがぼくの目を覚まさせた。

先に、理由がよく分からないと記したのは、これらの比喩の意味ではない。意味はむしろ凡庸ギリギリであって、読者の「目を覚まさせ」るほどの「サプライズ」には到底なりえていない。そのような比喩を反復する意図として考えられるとしたら、たとえ凡庸な表現であるにしても、初発の「すみれ」の比喩を、「ぼく」や「ミュウ」にそのままに語り継がせること自体にあったのではないか、ということしかない。ただし、それは、「ぼく」や「ミュウ」が「すみれ」オリジナルの文体の影響を受けたということにはならない。むしろ事態は逆である。

（一二四頁）

(4)

小説家をめざす「すみれ」の書いた文章について、「ぼく」は次のように評価する。

(略)いくつかの問題点をかかえながらも、彼女の書く文章には独特の鮮やかさがあり、自分の中にあるなにか大事なものを正直に書きき ろうというまっすぐな心持ちが感じられた。少なくとも彼女のスタイルは誰かのイミテーションではなかったし、手先だけで小器用にまとめられたものでもなかった。ぼくは彼女の文章のそういうところが好きだった。

（二四頁）

さらに、具体的に次のように説明もする。

「（略）君がこれまで書いた文章の中にはすばらしく印象的な部分がたくさんある。たとえば君が五月の海辺を描写すると、耳もとで風の音が聞こえて、そこに潮の匂いがする。太陽のかすかな暖かさを両腕に感じることができる。たとえば君が煙草の煙に包まれた狭い部屋について書くと、読んでいてほんとうに息苦しくなってくる。目が痛くなってくる。そういう生命のある文章は誰にでも書けるわけじゃないんだ。君の文章には、それ自体が呼吸して動いているような自然な流れと勢いがある。（略）」

（七九〜八〇頁）

つまり「すみれ」の文章には彼女オリジナルのスタイルがあり、それはたとえば比喩を用いたイメージの描写性に秀でているところにある、ということであろう。

「すみれ」の失踪後に発見された二つの文書が、作品後半の二章分（第11・12章）、約五〇頁

（作品全体の約六分の一）にわたって載っている。それらを二度読んだ「ぼく」はこう記す。

どちらも間違いなくすみれの書いた文章だった。彼女でなくては使わないような特徴的な言葉遣いや表現がいたるところに見受けられた。そこに漂っているトーンは、いつものすみれの文章のそれとはいくぶん異なっていた。これまでの彼女の文章にはなかったある種の抑制があり、一歩退いた視線があった。でも彼女の書いた文章であることには疑いの余地はない。（二四五頁）

この「すみれ」の文章には、一々の例示はしないが、ふんだんに比喩も会話も見られる、「比喩にかまけている暇もない」（二〇三頁）と言いながら。しかし問題なのは、「ぼく」の評価・説明にもかかわらず、それこそ多少の「トーン」の違いはあるものの、比喩であれ会話であれ、「すみれ」の文章には、他の章の「ぼく」の文章との決定的な文体差が感じ取れないということである。その、そもそもの原因は、村上の採った「ぼく」語りにある。

（5）

「スプートニクの恋人」は、先に引用した冒頭部分のように、「すみれ」という三人称で始まる。その少し後の、「すみれ」の大学生活に関する叙述の中の補足としてカッコ書きで「実を言えばぼくもその中の一人だった」（八頁）と出てきて、真の語り手が「ぼく」であることが判明する。それから物語は、間に「すみれ」の「わたし」語りをはさみながら進行し、第5章になって、ようやく「ぼく」が表に現われ、次のように語り始める。

ぼく自身について少し語ろうと思う。
もちろんこれはすみれの物語であり、ぼくの物語ではない。しかしぼくの目をとおしてすみれという人間が語られ、彼女の物語が語られていくからには、ぼくが誰であるかという説明もやはりある程度必要になってくるはずだ。（八四頁）

この「もちろんこれはすみれの物語であり、ぼくの物語ではない」という、わざわざの断わりそのものが、それゆえにこそ、すでに「ぼく」語りによる「ぼく」の物語であることを表明してしまっている。「ぼく」として語る限りにおいて、しかも「ぼく」が当該物語の当事者の一人である限りにおいて、物語内の誰も何も「ぼく」語りの制約から免れることはできない。「すみれの夢」と題された、「すみれ」の二つめの文書の冒頭に、「この部分は三人称で記述する。その方がより正確であるように感じられるから」（二〇九頁）と記されてあったとしても、その基本は変わらない。

「ぼく」は、「ぼくが自分自身について語るとき、そこで語られるぼくは必然的に、語り手としてのぼくによって――その価値観や、感覚の尺度や、観察者としての能力や、様々な現実的利害によって――取捨選択され、規定され、切り取られていることになる。とすれば、そこに語られている「ぼく」の姿にどれほどの客観的真実があるのだろう？」（八四～八五頁）と述懐するが、事は「ぼく」自身に限らないのである。

およそ語り手とはレベルを異にする書き手が、物語の展開全体を統べる語り手として「ぼく」を選択した時点において、「ぼく」語りに見合う文体が必然的に求められるのであり、それは、「すみれ」や「ミュウ」にも及ぶ。すなわち、誰の語りも文章もすべて「ぼく」語りによってコード化されてしまうのである。

それでも、あくまでも「ぼく」語りの「ぼく」だけの物語ならば、比喩や会話などによって特徴付けられる文体は一貫性をもって、「ぼく」とされる登場人物のアイデンティティと、それなりの調和がとれる。村上の初期三部作の文体は、まさにそのようなものとしてあった。それが「スプートニクの恋人」の場合、「ぼく」語りを採用したために、「ぼく」以外の登場人物のそれぞれに付与すべき、相異なるアイデンティティにふさわしい文体を、そしてそれら全体を抱合しうる物語の文体を編み出しえなかったといえる。それが文体に関わる表現方法の限界に他ならない。

そのうえで、村上の長編小説において、「そのあとに違った文体が出てくる」ことになったかどうかは、また別の問題である。

3　村上春樹と庄司薫

（1）

村上春樹と庄司薫との関連性を最初に指摘したのは、評論家の川田宇一郎であろう。川田は「由美ちゃんとユミヨシさん」という評論で、一九九六年に群像新人文学賞を受賞し、それを軸に一冊にまとめたのが川田宇一郎（二〇一二）である。

庄司薫は一九五八年、二一歳の時に本名の福田章二で発表した「喪失」で中央公論新人賞を受賞し、その九年後の一九六九年に発表した「赤頭巾ちゃん気をつけて」で芥川賞を受けた。それから、たてつづけに「さよなら怪傑黒頭巾」（一九六九年）、「白鳥の歌なんか聞えない」（一九七一年）、そして「ぼくの大好きな青髭」（一九七七年）という四部作を発表したものの、それ以降、現在に至るまで作家活動をしていない。「赤頭巾ちゃん気をつけて」は、出版されるや一〇〇万部以上のベストセラーとなり、映画化もされるほどの人気だった。

「赤頭巾ちゃん気をつけて」からちょうど一〇年後、「ぼくの大好きな青髭」からは二年後、庄司薫と入れ替わるように、「風の歌を聴け」でデビューしたのが、村上春樹である。

この二人を結び付けた川田であるが、なぜか文体に関しては、くどいくらいに、次のように言う（波線は筆者による）。

> よく指摘される「薫くん」の新しさは、饒舌な現代（六九年当時の東京山の手）の高校生の擬似文体です。文体の伝染力はすごいものでした。（略）そして饒舌の内面は、文体的には全然似ても似つかぬ八〇年代村上春樹に引き継がれます。　（二一二頁）
>
> 庄司薫と村上の関係は、表面的な文体やプロットをコピーしたとかではなく（全然似てま

せん）、具体的には物語の仕組、設計図レベルの双子です。（四五頁）

（略）庄司薫と村上春樹は、ぼくにとっては実は、さほど似ているとは思いません（少なくとも書かれた内容も、文体も、主人公の性格も）。それでもなお似ているという印象を受ける理由こそが面白いと思うのです。（二九八頁）

ここで取り上げてみたいのは、村上春樹と庄司薫の文体は、はたして「全然似ても似つかぬ」ものなのか、という点である。その出発点になるのが、二人の作品が、同じくサリンジャーの「ライ麦畑でつかまえて」の翻訳文体とみなされた、「ぼく」語りである。

川田（二〇一二）は庄司薫の「文体の伝染力」の例として、橋本治や氷室冴子などを挙げる。しかし、村上の「風の歌を聴け」を初読した時の筆者の印象は、圧倒的に庄司の「赤頭巾ちゃん気をつけて」との類似性であり、その原因は何よりも「ぼく」語りの文体、中でも独特の比喩の使用にあった。

（2）

今、「赤頭巾ちゃん気をつけて」の中から、任意にそれらしい比喩を取り上げてみよう。

たとえば、

何故かといって、タネなしで手品はできないように、爪なしでテニスはできない。（四頁）

のような、箴言めいた比喩、

ぼくはできるだけ陽気に言ったのだが、彼女はもう氷のように冷たくなってしまった。

もういけない。


「へえ、あなたよく知ってるわね。」

「だって受験生だからね。まあ、八百屋がキャベツ売るようなものだ。」（一二三頁）

のような会話の中に取り入れた、気をきかした（はずの）比喩、ぼくは、ちょうど鎖をうまく抜けて散歩に出た犬が、道で大声で名前を呼ばれた時みたいに、フラッフラッフラッとし、ほんとうにそれこそ爪なしの左足の親指一本で踏みこたえた感じで、どうにか切り抜けた（略）。（二二頁）

そしてそういう時ぼくは、もちろん誰にも悟られるようなヘマはしないけれど、内心では自分が馬鹿ばかしい用心棒、というより間の抜けたキングコングかなんかになったみたいな気がしてしまうってわけだ。（七三頁）

などのような、動物素材を用いた比喩、

ぼくは、一方ではぼくのぴったりしたGパンを高くもり上がらせて脈打つ興奮に全身をカーッとさせながら、他方では彼女のその横顔、その額や眉そして目尻と唇の端に、微かなしわがやさしい影のように絶えず現われては消え、それとともに彼女の顔にすべて言葉ではとらえられないような表情が見え隠れするありさまを、すっかり魂を奪われたように飽きる

ことなく眺めていた。（五一〜五二頁）

のような、「影」や「魂」を取り込んだ比喩、

ぼくはその狂気の闘いのさ中に、むしろかえって氷のように冷たく冴えきって、豹のように素早くずる賢く残忍に、そして絶対確実に相手を殺し、しかもこのぼく自身は絶対確実に生き残ることだろう。（一五四頁）

目を閉じたぼくには、その全身をつかまえたしびれが熱い潮のように引いていくにつれ、左足親指の激しいつきぬけるような痛みが険しい岩角のように現われてくるのが分った。（一六九頁）

などのような、連続的な比喩、

問題は、黒い巨大なゴム長靴という防壁からひっぱりだしたとたんに、左足親指を本拠

とする変な痛みが、例の西部劇でおなじみのインディアンの太鼓のような鼓動をもってからだ中に伝わってきたことだった。（二九頁）

ぼくは一トンもある豪快な目覚まし時計がガンガン鳴り続けている左足をそっと地面につけ、そしてゆっくりと左手を柱から離した。（一七二頁）

ぼくの胸の中には、まるで生まれたての赤ん坊星雲みたいな柔らかくて熱い何かが渦巻きながら溢れ、その渦巻のあちこちには、さまざまな出来事さまざまな言葉が若い星たちみたいに次々と光ったりウィンクしたり隠れたりしていた。（一八五頁）

などのような、大きな落差のある比喩、そして、

ぼくは海のような男になろう、あの大きな大きなそしてやさしい海のような男に。そのなかでは、この由美のやつがもう何も気をつかったり心配したり嵐を怖れたりなんかしないで、無邪気な魚みたいに楽しく泳いだりはしゃいだり暴れたりできるような、そんな大き

くて深くてやさしい海のような男になろう。僕は森のような男になろう、たくましくて静かな木のいっぱいはえた森みたいな男に。そのなかでは美しい金色の木もれ陽が静かにきらめいていて、みんながやさしい気持になってお花を摘んだり動物とふざけたりお弁当をひろげたり笑ったり歌ったりできるような、そんなのびやかで力強い素直な森のような男になろう。（一八七頁）

のような、溢れんばかりの比喩、などなど。

これらの比喩は、量もさることながら、その方法において、はんざわ（二〇一五）が指摘した、村上春樹の比喩の特徴と見事に重なる。違いがあるとすれば、村上の比喩のほうが、より意図的に、より尖鋭化あるいはより誇張化している点である。

(3)

「赤頭巾ちゃん気をつけて」に先立って書かれた「喪失」という小説は、「私」語りであり、その文体は「赤頭巾ちゃん気をつけて」とはまったく異なって、当時は三島由紀夫との相似性が指摘された。比喩もまた、以下に示すように、とくに目立つものはなく、量も少なめである。

（略）、その僅かな緊張を通じて、私の漠然とした力の抜けたようなからだのうちに、或る系列の記憶や印象や分析が霧のようにわき上るのを感じた。

（福田章二（一九七〇）四二頁）

私が、私自身の不誠実さや、卑劣さや、虚栄心や皮肉や残酷さの瑕瑾なのだと観念的にいくら大袈裟に言ってみても、結局はなんの罪悪感もないような清潔なアクセサリーのような瑕瑾。

（同上九二頁）

彼女はまごつきもせず、察しのよい若い美しい動物のように頷いた。

（同上四六頁）

啓子は浮かんだ白い花のようで、そのサテンの幅広いサッシュが微かに光って揺れていた。

（同上七六頁）

このような、比喩の扱いの劇的とも呼べる変化は、同じ一人称視点でありながらも、「私」

と「ぼく」という語りの違いと不可避的に結び付いている。その違いの由来は、それぞれの語に確固として根ざしている位相性にある。

中村明（二〇一〇）には、「私（わたし）」が「男では「僕」より改まった言い方」「「わたくし」ほどには改まっていない」「男の場合は子供は用いず」「大人の場合は、男のほうが改まりの度合い大きき」いのに対して、「ぼく」は「「俺」より丁寧で、「私」よりぞんざいな男の自称」「「俺」に比べて青少年が多用する感じがあり、老年層の使用に若干の違和感を覚える場合がある」「話しことばの調子があるため、硬い文章にはなじまない」とある。さらに付け加えるならば、「ぼく」には、ひ弱で内気な、行儀の良いお坊ちゃまというイメージも含まれよう。

つまり、同じく男の自称詞としてある「私」と「ぼく」には、大人と子供、書き言葉と話し言葉、改まり（公的）とくだけ（私的）、などという対比的な位相性があるということであり、これらの差がそれぞれにふさわしい語り＝文体を呼び込んでいるのである。ついでに言えば、漢字の「私」に対する平仮名の「ぼく」という表記上の対立は、さらにこの位相差を際立たせる。比喩のありようにおける、「喪失」と「赤頭巾ちゃん気をつけて」との差異、「赤頭巾ちゃん気をつけて」と村上作品との相似も、まさにこれに対応する。

それでは、「ぼく」語りの文体と比喩への独特のこだわりがなぜ結び付くのか。

「赤ずきんちゃん気をつけて」の「ぼく」は、いろいろと考えた末に、次のような納得に辿り着く。

なんだかうまく言えないのだけれど、でも考えてみればこういうことは、やはり実はもともと他人に言ってもしようがないこと、そのことをしゃべろうとすると、どうしても自分にきり通じないような言葉でしか話せないって言ったようなことなのかもしれない。

（七九頁）

「もともと他人に言ってもしようがないこと」を、「自分にきり通じないような言葉でしか話せない」という立場こそが、「私」ではない「ぼく」の語りであり、そのような言葉が他ならぬ比喩となって表われるのである。井上ひさし（一九八四）が力説するように、「書き手の頭の中にしか存在しないものを読み手に伝えるには比喩の力にすがるしかないのだ」（二一〇頁）。

もとより、「ぼく」語りの物語ならば、誰の、どの作品であれ、同じような文体、同じような比喩になるということではない。そのうえでの、「ぼく」という位相語によって指示され設定される語り手（かつ登場人物）自身のありようの如何である。川田（二〇一二）の「饒舌の内面は、文体的には全然似ても似つかぬ八〇年代村上春樹に引き継がれます」（二二一頁）という説明に見られる、「饒舌」な語り手の「内面」のありようの如何である。

それ自体について、ここでは言及しないが、継承されたという「内面」を有する「ぼく」の語り＝文体が、庄司薫と村上春樹とで「全然似ても似つかぬ」などということは、きわめて考えにくいことではあるまいか。しかし、だからといって、村上が庄司の文体を模倣したということでは決してない。それぞれの描こうとした物語の必然として、独特の比喩や会話によって特徴付けられる「ぼく」語りの文体が、ともに選ばれたということである。

4　村上春樹と共通語

（1）

村上春樹の作品はジャンルを問わず、地の文は標準語（共通語あるいは東京弁とも。これらの違いについては触れない）で書かれている。日本の近現代文学のほとんどがそうなのであって、村上の文体がたとえ翻訳的とみなされるにせよ、その翻訳に用いられる日本語は、方言とは位相もレベルも異にする標準語である。

そもそも、第1章第3節「日本語という文体」で述べたように、「外国語の影響というのは、主として文章・書き言葉におけるものであり、談話・話し言葉はそこから二次的かつ部分的に影響を受けてきたにすぎない」とすれば、村上の文体が翻訳的であるといっても、あくまでも程度差にすぎない。そして、そのことも含め、日本語の文章・書き言葉は、近代以前から標準語性を帯びるものであった。

村上春樹（一九八六）は、「関西弁について」というエッセイで、次のように語っている。

> 僕は関西生まれの関西育ちである。父親は京都の坊主の息子で母親は船場の商家の娘だから、まず百パーセントの関西種と言ってもいいだろう。だから当然のことながら関西弁をつかって暮らしてきた。それ以外の言語はいわば異端であって、標準語を使う人間にロックなのはいないというかなりナショナリスティックな教育を受けてきた。（略）
> しかしどういうわけか早稲田に入ることになって（略）あまり気が進まない東京に出てきたのだが、東京に出ていちばん驚いたことは僕の使う言葉が一週間のうちにはほぼ完全に標準語――というか、つまり東京弁ですね――に変わってしまったことだった。僕としてはそんな言葉これまで使ったこともないし、とくに変えようという意識はなかったのだ

が、ふと気がついたら変わってしまっていたのである。気がついたら「そんなこと言ったってさ、そりゃわかんないよ」という風になってしまったのである。同じ時に東京に出てきた関西の友だちには「お前なんや、それ。ちゃんと関西弁使たらええやないか。アホな言葉使うな」と非難されたけど、変わっちゃったものはもうどうしようもないのである。

僕は言語というのは空気と同じようなものであると思う。そこの土地に行けばそこの空気があり、その空気にあった言葉というものがあるのであって、なかなかそれにさからうことはできない。（略）

だから僕は関西に帰るとやはり関西弁になる。新幹線の神戸駅に降りると一発で関西弁に戻ってしまうのである。そうなると今度は逆に標準語がしゃべれなくなる。

（二二一～二二三頁）

これは談話・話し言葉に関してであるが、問題にしたいのは、「これまで使ったこともないし、とくに変えようという意識はなかった」標準語が、「ふと気がついたら」使えていたのは、なぜかということである。

その理由として、村上は「そこの土地の」「空気にあった言葉」には「さからうことはできない」という点を挙げるが、そもそも知らなければ使いようもないのであるから、内言の理解語としては標準語を蓄えていなければならない。それは、テレビ・ラジオ・新聞などのマス・メディアが普及した現代ならば、日本のどこであれ可能なのであって、村上も例外ではない。ただ、それに加えて、村上の場合には、小説の読書体験つまり小説風土も関与したのではないかと見られる。

(2)

村上（一九八六）は、先の引用に続けて、文章の書き方にも言及する。

関西弁に話を戻すと、僕はどうも関西では小説が書きづらいような気がする。これは関西にいるとどうしても関西弁でものを考えてしまうからである。関西弁には関西弁独自の思考システムというものがあって、そのシステムの中にはまりこんでしまうと、東京で書く文章とはどうも文章の質やリズムや発想が変わってしまい、ひいては僕の書く小説のスタイルまでががらりと変わってしまうのである。僕が関西にずっと住んで小説を書いていたら、今とはかなり違ったかんじの小説を書いていたような気がする。その方が良かったんじゃないかと言われるとつらいですけど。（二一五頁）

村上が実際に「僕の書く小説のスタイルまでががらりと変わってしまう」ような体験をしたかどうかは分からない。しかし、少なくとも言えることは、彼の中には関西弁と東京弁という、それぞれの位相に基づく「思考システム」があり、談話・話し言葉に関しては土地によって両者を使い分けるのに対して、文章・書き言葉である「小説のスタイル」としては、一貫して後者に相当する標準語を選択した、というより、おそらく他の選択肢は考えられなかったということである。

それはつまり、日本の近現代小説という土地の空気に合った日本語は標準語であるという前提意識があったからと考えられる。語り手の自称詞として選ばれたのが、関西弁の「わし、わて、わい」などではなく、共通語の、しかも位相性の強い「ぼく」であるというのが、その何よりの証拠である。

なお、関西弁と東京弁という二つの言語が彼において、文字どおり置き換え可能な、対等の関係にあったとは考えにくい。つまり、アイデンティティにも関わる母語か否かという点から見れば、村上にとって東京弁（標準語）は後発的・学習的・作為的たらざるをえない。

(3)

大塚英志（二〇〇六）は、村上のこのエッセイを元にして、次のように論じる。

（略）村上春樹の言う「東京で書く文章」とはやはり標準語によって構成される近代文学という制度に他ならないのではないか。だからこそこの選択された「標準語」の問題は村上春樹という作家を考える上で看過すべきではない。いうまでもなく近代の「文学」は地方語という「異語」を互いに話す者たちが「言文一致体」という人工的な「共通語」を構築することで可能となった。（略）村上春樹はこの意味での「文学」における「標準語」の任意性に敏感な作家であった。だから村上春樹が「翻訳された日本語」として「自身の標準語」を定義していることもまた同じ意味で興味深い。何故なら、近代文学の日本語は、西欧の文学を日本語に翻訳することでその文体を作り上げていったのであり、村上春樹の小説家としての「発語」は近代文学の起源の追体験として実はあるのだ。（六七頁）

人類言語におけるバラエティとしての日本語と外国語というレベルと、同一言語の日本語におけるバラエティとしての共通語と方言というレベルを、翻訳という点において同一に扱うこと、また、談話と文章という位相の異なりを無視すること、が適切かという問題はある。それでも注目すべきは、村上春樹が母語ではない、翻訳語としての標準語を使って、新たな小説言語・小説文体を作り上げようとしたと捉えている点である。

そこで思い当たるのが、村上の「そのときの僕にとって、日本語とはただの機能的なツールに過ぎなかった」「僕にとっての日本語は今でも、ある意味ではツールであり続けています。そしてそのツール性を深く追求していくことは、いくぶん大げさにいえば、日本語の再生に繋がっていくはずだと信じています」（村上（二〇一六）五四～五五頁）や「文章というのはあくまでツールであって、それ自体が目的ではない。ツールとして役に立てばいいんです」（川上・村上（二〇一七）一二一頁）などの発言に見られる、「ツール」という言葉・考え方である。

コミュニケーションあるいは思考システムの、あくまでも「ツール」として、日本語ネイティヴにとっての外国語、そして方言ネイティヴにとっての標準語を位置付けるのは、いかにも似つかわしい。それは、談話に比べ、話者が抽象化される文章において、より選択的に、つまりは文体として活用される。対するに、母語としての日本語さらには方言は、そのような「ツール」のみにとどまらない宿命にある。談話の場面性の強さも含め、話者自身のアイデンティティに否応なく結び付いてしまうのである。

村上が小説に母語である関西弁を用いなかったのは、一方において、近代日本の小説言語の空気に逆らわないためであるが、もう一方においては、書き手自身のアイデンティティから意図的に距離をとるためでもあった。あえて言えば、関西弁に基づくアイデンティティを忌み嫌ったのかもしれない。

ちなみに、庄司薫は東京生まれの東京育ちであり、小学生以来続けているという「ぼくの日記なんかでは昔からああいう文体を使っています」（庄司薫（一九七三）二五九頁）ということであるから、談話においても文章においても、東京弁と一続きの標準語の「ぼく」語りを用いることは、庄司にとってはむしろ自然であった。

そういう意味で、本章冒頭に記した「文体＝文学＝作家の個性」という捉え方における「作家の個性」というのが書き手自身のアイデンティティであるとするならば、村上春樹の場合にはそれなりの留保が必要であろう。

（4）特定方言を積極的に用いた作家に、井上ひさしがいる。一九八一年の長編小説「吉里吉里人」、一九八六年の戯曲「國語元年」などがその代表作である。その井上が各地の民話の再生における、標準語と方言の違いについて、次のように述べている。

> そこで語られるコトバは、切っても突っついても引っ掻いても血の出ない「標準語」という公明正大な代物ではなく、それぞれの土地の、日向や漬物やキノコや田畔や肥溜などの匂いのしみついた、いわば「濃い」コトバだ。日常の生活のなかで用いられるこれらの「濃い」コトバは多義性を持ち、その多義性は聞き手にさまざまなことを想像させ連想させる。この想像や連想は物語に不思議な奥行を与えるだろう。ラジオや子ども向けの民話の再話本にこの「濃い」コトバが採用し得るか。答は否である。ラジオも再話本も全国で聞かれ読まれることを望んでいる。「濃い」コトバを採用し販路を一地域に限るような自殺行為をどうしてするわけがあるだろうか。
>
> （井上ひさし（一九七九）一二九頁）

井上の言うように、方言が「濃い」コトバであるとすれば、標準語は「薄い」コトバということになる。「薄い」というのは、標準語が「全国で聞かれ読まれることを望ん」で作り出された、「切っても突っついても引っ掻いても血の出ない」、つまり生活感、生ま身感が薄い、逆に言えば、それだけ人工性、抽象性の強いコトバであるという意味である。

日本の近現代文学は、日本語における旧来の、あるいは地付きの「濃い」コトバを捨て、新たなかつ抽象的な「薄い」コトバによって書かれてきた。村上春樹の作品もまたその展開の中に、正統に位置付けられる。もとより、コトバが薄ければ内容も薄いということにはならない。村上が目指したのも、決して「「日本語性を薄めた日本語」の文章を書くこと」ではなかった。「薄い」コトバをいかに使って「濃い」内容にするかという、標準仕様の「ツール」を自分用に使いこなす技術が駆使されなければならない。

村上における、その一つの結果が、本章で論じきたった、新たに工夫され作り上げられた「ぼく」語りの文体なのであった。

(5)

以下は補足となるが、たまたま目にした中村一夫(二〇一九)の調査報告について、本章における村上の「ぼく」語りの文体にも関わり、看過できない点があるので、触れておきたい。

その調査の目的は次のように述べられる。「村上春樹の小説に登場する人物には、いわゆる役割語を使用する者が多いのではないか。世界的に権威があるとされる文学賞に毎年最有力候補としてその名が挙げられる作家にして、なお日本語の奥底に潜む呪縛からは自由ではないことを明らかにしたい」（七四頁）。ここに言う「日本語の奥底に潜む呪縛」とは「役割語」のことになろうか。そして、結論は「それらをおそらく無意識裡に活用している事実は確認できた」（七四頁）である。

調査対象とした資料は、カポーティの「ティファニーで朝食を」の村上訳であり、瀧口直太郎訳との比較から、「総じて言えば、村上は自らの文体に引き寄せる翻訳を行っているとおぼしい」（六二頁）という予想が立てられる。

村上は「訳者あとがき」（新潮文庫版『ティファニーで朝食を』による）で、カポーティの文体の変化について論じているが、あたかもそれは村上自身がなぞってきた道でもあるかのように読める。まずは、カポーティとの出会いを、こう述べる。

個人的な話になるが、僕は高校時代にこの人の文章を初めて英語で読んで（略）、「こんな上手な文章はどう転んでも書けないよ」と深いため息をついたことを記憶している。僕が二九歳になるまで小説を書こうとしなかったのは、そういう強烈な体験を何度もしたせいである。そのおかげで、自分には文章を書く才能なんてないのだと思いこんでいた。しかし高校時代に僕がカポーティの文章に対して感じたことは、それから四〇年経った今でもおおむね変わらない。ただ今となっては「カポーティはカポーティ、僕は僕」と開き直れるようになっただけである。（二七二頁）

そして、カポーティが「ティファニーで朝食を」という作品において、それまでの「これでもか」という感覚的な描写が影をひそめ、実にうまく均整のとれた、簡潔でなおかつ意を尽くした文章」へと、戦略的な文体の転換を図ったことについて、「彼は新しい小説のための新しい題材を求めなくてはならなかったし、その小説に相応しい新しい文体を創り上げなくてはならなかった」（二七四頁）と、村上は評する。

これは、先に見たように、村上が自身の文体に関して、「スプートニクの恋人」で試みようとしたのと重なる。つまり、カポーティの行った戦略的な文体転換の必要性を、村上も痛感し、実践しようとしていたということである。ただし、ここで注意しておきたいのは、あくまでも「カポーティはカポーティ、僕は僕」と開き直ってのことであるという点である。

この開き直りの態度と覚悟があったからこそ、「こんな上手な文章はどう転んでも書けないよ」と思い込んでいたカポーティ作品の翻訳にも手を染めることになったのであり、その際に、「総じて言えば、村上は自らの文体に引き寄せる」ことになるのは、たとえ多少の無理があったとしても、いわば必然のことであった。その結果、村上の文体は、翻訳においても、村上の物語世界を引き込むことになった。それがすなわち、「ぼく」語りの採用に他ならない。語り手の'I'を「僕」と訳そうとしたときに、すべては決まったのである。

村上はその語り手を、「少年の面影を残した田舎出身の、センシティブな――そしていくぶんの屈託のある――青年」（「訳者あとがき」二六六頁）という人物像として捉えた。この人物像はまさに「僕」という役割語の属性に適うものであろう。それが決まってしまえば、村上的な物語世界なら、相手となる女性は、「僕」からは「君」と呼ばれ、自らを「私」と称し、「僕」のことを「あなた」と呼ぶような関係に設定されることを余儀なくされるのである。

村上自身もまた、その相手の女性、ホリー・ゴライトリーについて、「型破りの奔放さや、性的開放性、潔いいかがわしさ」（二六五頁）を持つ女性とみなしているのである。それならば、瀧口訳のように、役割語的には「あたし」のほうがよりふさわしいはずなのにもかかわらず、あえて「私」を選んだのには、如上の事情があったからである。

このような村上春樹における、いわば物語的な必然性を、「呪縛」と言えなくもないかもしれないが、日本語そのものの「呪縛」とするならば、一人村上に限ったことではあるまい。しかも、役割語を多用するか否かは、「呪縛」とは何の関係もないことであり、村上がそれを「無意識裡に活用している」ということを「事実」とする根拠も到底見出しがたい。

参考文献

井上ひさし（一九七九）『パロディ志願』中央公論社
井上ひさし（一九八四）『自家製文章読本』新潮社
大塚英志（二〇〇六）『村上春樹論―サブカルチャーと倫理』若草書房
川上未映子・村上春樹（二〇一七）『みみずくは黄昏に飛びたつ』新潮社
川田宇一郎（二〇一二）『女の子を殺さないために』講談社
庄司薫（一九六九）『赤頭巾ちゃん気をつけて』中央公論社
庄司薫（一九七三）『バクの飼主をめざして』講談社
中村明（二〇一〇）『日本語　語感の辞典』岩波書店
中村一夫（二〇一九）「村上春樹の翻訳と役割語」（『國文學論輯』38、国士舘大学国文学会）
はんざわかんいち（二〇一五）『表現の喩楽』明治書院

第5章　文学文体　202

福田章二（一九七〇）『喪失』中央公論社
村上春樹（一九八六）『村上朝日堂の逆襲』朝日新聞社
村上春樹（二〇〇一）『スプートニクの恋人』講談社文庫
村上春樹（二〇一六）『職業としての小説家』新潮文庫
吉行淳之介ほか（一九七八）『文体とは何か』平凡社

第6章　文体模倣

1　文体模倣

（1）

神田桂一・菊池良『もし文豪たちがカップ焼きそばの作り方を書いたら』（宝島社）という本が二〇一七年に出版され、結構売れたらしい。

書名から察せられるように、文体模倣の本である。その帯には、「太宰治、村上春樹、星野源…ネットで大反響の文体遊戯！　100人の多彩な文体で綴るフタ、かやく、湯切り…」とある。もともとはインターネットでの公開がきっかけのようである。

文体模倣とは、文字どおり、元となる文章を、それを書いた人とは別の特定の書き手あるいは別のジャンルの文体を模倣して書き替えるという、言葉遊びの一種である。

荻生待也（二〇〇七）によれば、文体模倣（模写）は、一八種類に分類された言葉遊びのうちの「捩りとパロディ系」に含まれ、さらにその系は「偽書・偽作・崩し・替え歌・借曲詞」に下位区分される。そして、「一般に〈捩り〉作品は、たいていが原作とくらべ軽妙に諧謔させて作る。つまり原作の内容を貶めることで、その摩擦（落差）のおかしみを誘い出すのがポイントになる。」（一八九頁）と説明される。この「捩り」とは、パロディとほぼ同義である。「原作の内容を貶める」には、その原作に何らかの権威が認められていることが前提となる。その権威を貶めることによりおかしみが生まれるのであり、それが権威に対する皮肉あるいは批判ともなる。

しかし、その原作が「カップ焼きそばの作り方」という、ごくありきたりのマニュアル文であるなら、権威性など初めから存在しようがない。したがって、原作に対する皮肉・批判というのも成り立たない。

その「はじめに」相当の箇所には、「この本は軽く読んではははと笑って、ページを閉じた瞬間にすべてを忘れるような本を目指して書かれた。」（二頁）とある。そのとおりなのかもしれないし、本当はそうでないかもしれない。それはともかく、ここで問題にしたいことが二つある。

一つは、「文体」は模倣できるのかということである。当然のようであるが、何かの模倣であると確認できる文体の、その根拠は何かということである。もう一つは、文体が模倣できるとすれば、なぜそれが「ははは笑」えるものになるのかということである。パロディとしての通常の「摩擦（落差）のおかしみ」が想定しえないにもかかわらず。

（2）

実例を見てみよう。

元になる、カップ焼きそばの作り方の説明文として八種類が示されているが、その最初に挙げられている「ペヤング　ソースやきそば」（まるか食品）は、次のとおりである。なお、他社の商品の説明文も大同小異である。

〔調理方法〕

①フタを（A）から（B）の線まではがし、ソース、かやく、ふりかけ・スパイスを取り出します。②かやくをめんの上にあけ、熱湯を内側の線まで注ぎ、フタをします。③3分後、（C）の湯切り口を矢印の方向にゆっくりはがします。④カップの「☆」の部分2ヶ所をしっかり持ち、ゆっくり傾けながら湯切り口よりお湯をすてます。⑤フタをすべてはがし、ソースをよく混ぜ合わせ、ふりかけ・スパイスをかけてお召し上がりください。

（一七六頁）

これを村上春樹が書くとしたら……、ということで、以下のように書き替えられている。

きみがカップ焼きそばを作ろうとしている事実について、僕は何も興味を持っていないし、何かを言う権利もない。エレベーターの階数表示を眺めるように、ただ見ているだけだ。

＊

勝手に液体ソースとかやくを取り出せばいいし、容器にお湯を入れて五分待てばいい。その間、きみが何をしようと自由だ。少なくとも、何もしない時間がそこに存在している。好むと好まざるとにかかわらず。

＊

読みかけの本を開いてもいいし、買ったばかりのレコードを聞いてもいい。同居人の退屈な話に耳を傾けたっていい。それも悪くない選択だ。結局のところ、五分間待てばいいのだ。それ以上でもそれ以下でもない。

＊

ただ、一つだけ確実に言えることがある。

完璧な湯切りは存在しない。完璧な絶望が存在しないようにね。　（一六～一七頁）

＊

この文章には「１９７３年のカップ焼きそば」というタイトルが付けられていることから、村上初期の鼠三部作の二作目「１９７３年のピンボール」が意識されたことが明らかである。元になる説明文と村上の文体を模倣したとされる文章とを読み比べてみて、確実に言えることは、模倣文は決して、その対象とした原文の文脈を忠実になぞって書かれてはいないということである。事態はむしろ逆であって、村上の文章を原文として、そこにカップ焼きそばの作り方の要素を取り入れていると言うほうが適切であろう。

つまり、作家の文体を模写したというのではなく、その文章表現をほぼそのまま使っているにすぎない。その意味では模倣の根拠云々という問題以前である。しかしじつは、パロディとしての「摩擦（落差）のおかしみ」があり、「ははは笑」えるのは、まさにそれだからこそなのである。

「奥付」前のページに、わざわざ「本書に登場する、作家、著名人、媒体などの文章はすべて、著者がリスペクトしてるからこその文体模写となっています。」という断り書きがあるのが、何よりもそのことを裏付けている。そのような作家の文章を原文としたとき、そしてその内容が深刻なものであればあるほど、そこにカップ焼きそばの作り方という、取るに足りない要素を取り入れることの、逆向きのギャップがおかしみを生じさせているということである。

もちろん、どの作品の、どの部分、どの表現を選べば、その著者の文体が端的に現われ、かつおかしみがもっとも効果的に出せるかに対する配慮や工夫が施されたうえでのことではある。しかし、原文に即して、それを特定の文体によって書き換えるという、本来の文体模倣（模写）とは、似て非なるものと言わざるをえない。

(3)

朝日新聞（二〇一八年一月二一日付け朝刊）の読書欄では、その続編『もし文豪たちがカップ焼きそばの作り方を書いたら　青のりＭＡＸ』が取り上げられた。

その冒頭に、こうある。「昨年はフランスの文豪レーモン・クノーの『文体練習』が出版されて70周年。同じ場面を99通りの文体で書き分けた超絶技巧の名著だ。同じく昨年、そのスピリットを受け継ぐ本が出版された。「文豪」たちがカップ焼きそばの作り方を100通り書いた本。」（福永信執筆）。

一冊目のあとがき相当の「もし柳家小三治が本書の「解説」を話したら…」でも、この『文体練習』が引かれている。「街なかで起こったなんでもない情景」を「99通りの文体で書き分けていく、究極の文体遊びってェ風情」と評し、こちらは「しめて100人でレーモン・クノー越えだ」と張り切ったとある。

はたして、「そのスピリットを受け継ぐ本」と言えるのか、本家とされる『文体練習』を確かめてみよう。

2　クノーの『文体練習』

(1)

最初に結論を述べれば、両著はまったく性質の異なるものである。「そのスピリットを受け継ぐ本」とは、たとえシャレであっても、言えない。その主たる理由は、次の三つである。

第一に、カップ焼きそばのほうは、特定個人の文体を模倣するという形になっているのに対して、クノーのは、おもに位相の選択による類型文体による書き分けであって、決して個人に帰属するものではないからである。

第二に、カップ焼きそばのほうは、元になるマニュアルの文章があるのに対して、クノーのは、そういう文章は存在しないからである。冒頭の文章がそれらしく思われるが、それも九九通りのうちの一つであって、元として共通に設定されているのは、文章ではなく、表現対象となる、ある一つの日常的な出来事である。

第三に、カップ焼きそばのほうは、個人文体の模倣例の羅列にすぎないのに対して、クノーのは、全体として一つの作品になっているからである。『文体練習』はもとより、「ははは笑」えるのを目指したものではなく（ニンマリさせようとはしたかもしれないが）、また一つの出来事を、単に多様な書き方をしてみせただけではなく、それを多面的な視点から描くことにより、その全体像を浮かび上がらせようとした、実験的な文学作品なのである。

(2)

クノー、R．の『文体練習』は、一九四七年に出版され、その後、何度か改訂されて現在に至る。日本語訳には、朝比奈弘治訳（一九九六）と松島征他訳（二〇一二）の二種類がある。なお、どちらにも、九九通り以外に、付録として三つが示されてあるから、合計では一〇二通りになる。

松島他訳（二〇一二）の解説によれば、宣伝用にクノーが書いた読者へのメッセージ、「書評依頼状」は、次のように書かれているとのことである。

ここには、こんなふうな練習が九十九個あります。フランス語のさまざまな様式や、レトリックの文彩や、それにめっぽう文学的なジャンルなどを使いながら、おなじひとつのささいな出来事がちがったふうに語られてゆくのですが、当の出来事ときたらほとんど小話の、それも下書き程度のものでしかないのです。（二一四頁）

留意したいのは、「フランス語のさまざまな様式、レトリックの文彩や、それにめっぽう文学的なジャンルなどを使」っているという点であり、それらの書き方を「文体（style）」と称していることである。これはまさに、それぞれの位相に対応する文体であって、個人文体が出る余地はまったくない。そのすべてをもって、クノーの個人文体であると呼べば呼べなくもないかもしれないが。

たとえば、各文章のタイトルを見ても（松島他訳（二〇一二）による）、23「公的書簡」、24「宣伝文句」、43「尋問」、47「怪談風」、48「哲学的に」、53「ソネット」、59「電報」、60「頌歌」、63「古典」、66「短歌」、67「自由詩」、72「浪曲風」、78「ギョーカイ用語」、81「めちゃくちゃラテン語」、86「植物学的に」、87「医学的に」、89「美食学的に」、90「動物学的に」、92「モダン・スタイル」、93「確率論的に」、95「幾何学的に」、96「田舎ことば」、98「美文気取り」などは、そのタイトルに示されたジャンルという位相による文体であり、それぞれらしく見せるために、かなり誇張的に書かれている。

ところで、これらはあくまでもフランス語におけるバラエティである（なぜか「短歌」や「浪曲風」など日本的なものも含まれているけれど）。それを日本語に翻訳する問題に触れて、朝比奈訳（一九九六）は、「訳者あとがき」で次のように述べている。

日本語は場や状況に応じた文体のバリエーションがきわめて豊かで、若者ことば、老人ことば、女性ことばなどのほか、目上と目下、内と外、建前と本音の使い分け、さらにはお役所ことば、学者ことば、業界ことばにいたるまで、敬語、人称代名詞、接尾辞、アクセントなどが多様に変化し、そうした人間関係や場のあり方こそが文体の宝庫となっている感があるからだ。もしも日本語で独自の文体練習をするとすれば、そうした面にもっと探究の手が伸ばされなければならないだろう。しかし逆にいえば、そうした文体は陳腐にもなりがちで、本書のような翻訳が意味を持つとすれば、日本語から発想できないような「意想外」な文体をフランス語から汲み取ることにこそあるのかもしれない。

（一九三〜一九四頁）

位相的な文体のバラエティを示すことが面白いのは、おそらくはフランス語だからなのであって、それがごく当たり前である日本語では、その文体練習例を示しても、「陳腐にもなりがち」ということであろう。

（3）

残念ながら、フランス語の原文から文体差を感じるほどの語学力がないので、日本語の翻訳文に即して、この位相的な文体について見てみる。

『文体練習』において、他の文章による模倣の原文と目されそうな第一の文章は、原文では次のようになっている（Raimond Queneau（二〇一二）による。便宜的に文番号を付す）。

①Dans l'S, à une heure d'affluence. ②Un type dans les vingt-six ans, chapeau mou avec cordon remplaçant le ruban, cou trop log comme si on lui avait tire dessus. ③Les gens descendent. ④Le type en question s'irrite contre un voisin. ⑤Il lui reproche de le bousculer chaque foi qu'il passe quelqu'un. ⑥Ton pleurnichard qui se veut mèchant. ⑦Comme il voit une place libre, se prècipite dessus.

⑧Deux heures plus tard, je le rencontre Cour de Rome, devant la gare Saint-Lazare. ⑨Il est avec un camarade qui lui dit: 《Tu devrais faire mettre un bouton supplèmentaire à ton pardessus.》 ⑩Il lui montre où（à l'èchancrure）et pourquoi.

これに対する二種の翻訳文は、次のとおり。

A（朝比奈訳（一九九六）三頁）

①S系統のバスのなか、混雑する時間。②ソフト帽をかぶった二十六歳ぐらいの男、帽子にはリボンの代わりに編んだ紐を巻いている。③首は引き伸ばされたようにひょろ長い。④客が乗り降りする。⑤その男は隣に立っている上客に腹を立てる。⑥誰かが横を通るたびに乱暴に押してくる、と言って咎める。⑦辛辣そうな声を出そうとしているが、めそめ

そした口調。⑧席があいたのを見て、あわてて座りに行く。
⑨二時間後、サン＝ラザール駅前のローマ広場で、その男をまた見かける。⑩連れの男が彼に、「きみのコートには、もうひとつボタンを付けたほうがいいな」と言っている。
⑪ボタンを付けるべき場所（襟のあいた部分）を教え、その理由を説明する。

B（松島他訳（二〇一二）一一頁）

①S線のバスの車内、ラッシュ時のこと。②二十六歳ばかりの男、リボンのかわりに編みひもを巻いたソフト帽、まるで引き伸ばされたような長すぎる首。③人びとが降りる。④くだんの男は隣の乗客と口喧嘩。⑤人を通すたびにぶつかってくると言って咎める。⑥哀れっぽいが、険のある口調。⑦男は空いた座席をみつけるとあわててそちらに向かう。
⑧それから二時間後、サン＝ラザール駅の前のローマ広場で再びこの男をみかける。⑨一緒にいる友人から「コートにボタンをもう一つつけさせた方がいい」と言われている。
⑩その場所（襟ぐり）を示し、理由を説明する。

原文と翻訳文を比べると、文の数は、Bは原文と同じく十文であるが、Aは一文多い。原文の②文を、おそらくは長いせいだろう、二文にしたことによる。文字数（符号を含む）は、Aが二九三字なのに対して、Bは二五〇字と、四三字の差がある。

各文において表現されている内容は、AもBもほぼ原文どおりと言えようが、意味・文法的に異なる点が三つある。

一つめは、AとBでは、原文における修飾関係と異なっている点。たとえば、Aの②文後半とBの②文、Aの⑦文とBの⑥文など。二つめは、原文におけるボイス（態）とは異なっている点。たとえば、Aの⑥文とBの⑤文（「通る」と「通す」）、Aの⑩文とBの⑪文（「言っている」と「言われている」）、Aの⑩文とBの⑨文（「付ける」と「つけさせる」）など。そして三つめは、原文の⑧文にある「je」という一人称代名詞が、AでもBでも欠けていることである。

それでも、翻訳文としてのAとBを読み比べて、文体的に大きく異なるという印象はない。さらに言えば、どちらであれ、特定の書き手や文章を想起させるものでもあるまい。AもBも、対象を前景化した描写文という位相・類型を徹底した文体である。原文にあった一人称をともに省いていることも、それに関連する。

このことが意味するのは、『文体練習』の最初に示されている文章は、少なくとも日本語の文章としては、そういう一つの位相・類型の文体によって書かれているのであって、決して中立的あるいは平均的な文体ではない、ということである。とはいえ、どちらの文章も翻訳だからということでの、翻訳文体というバイアスもとくに見出されない。

（4）

文体のバラエティの一つとして、個人文体を模倣していると見られる例外的な、そして原文とは異なる文章を、朝比奈訳（一九九六）から挙げてみる。

一つは、63の「古典的」というタイトルの文章で、その冒頭部分は次のとおりである。

　昼は、バス。満員のころはさらなり、やうやう乗り込んだデッキぎは、人あまたひしめきて、爪先だちたる客のほそく詰め合ひたる。男は、くび。毛などまばらに生えたるが、いと長う見ゆるは、言ふべきにもあらず。頭、いと高うなりたるに、帽子に、ただ一つ二つなど、ほのかに編み紐巻きたるも、様異に、をかし。（八八頁）

言うまでもなく、清少納言の『枕草子』の冒頭段が下敷きになっている。訳者によれば、「原題は「ギリシア語法」で、ギリシア語起源の単語や語根をふんだんに使った断章」であり、

「まったく訳しようがなかったので、いたし方なく枕草子の文体を使うことにした」（一七一頁）とのことである。ちなみに、松島他訳（二〇一二）では、美文調の漢文訓読体にしてある。

もう一例、70の「英語かぶれ」の文章の冒頭部分は、次のようになっている。

ハーイ。ワン・デイのミッデイにバスに乗ったらねっ、グレート・ネックのヤングマンがいてさっ、シチーボーイを気取ってんだよ、いわゆるひとつのカインド・オブ・レースを、ハットにつけちゃってさ。

（九六頁）

これを読んだら、テレビタレントのルー大柴の語りがすぐに思い浮かべられるであろう。個人文体というには、あまりに安直ではあるが、原文では「英語はろくに知らないくせに、むやみに英単語を使いたがる英語かぶれのフランス人がしゃべっていることばを、その下手な発音通りにフランス語的に表記したもの」（朝比奈訳（一九九六）一七五〜一七六頁）であり、そういう人々の類型的な話しぶりを示そうとしたもののようである。

その他の文章の大方は、特定のレトリック（あるいは言葉遊び）の過剰使用の例を除けば、先にも示したように、ジャンルごとの位相による文体になっている。

その中にあって、原文ともジャンルとも異なる、日本語固有の位相の文体に置き換えたものも見られる。一つが73の「女子高生」、もう一つが83の「いんちき関西弁」である。

73の原題は「語尾音付加」であり、各単語末に意味のない音を付け加える言葉遊びであるが、訳者は語尾の母音を伸ばした結果、「女子高生文体を作ることになってしまった」（一七九頁）という。

「女子高生文体」というのは、かつて太宰治や橋本治が小説で試みたものであるが、現代日本の現実の女子高生という、性別・年齢・所属の位相および日常的な話し言葉という位相に見合った文体とみなされる。その冒頭部分を紹介する。

ねえねえぇ、この前さあぁ、お昼にぃ、バスとかのぉ、うしろのぉ、デッキでぇ、変なやつをぉ、見たんだけどぉ、首がぁ、すっごい長くてぇ、帽子とかにぃ、編み紐みたいのをぉ、巻いてんのぉ。むかつくじゃん。（九九頁）

83の原題は「イタリア訛り」で、原文はフランス語とイタリア語の混合文体になっていて、日本語には翻訳不可能なのため、「仕方がないので、東京かどこかの人間が関西弁らしきものを真似ているという恰好で、でたらめな関西弁の混合文体にしてみた」（一八四頁）とのことである。

方言は、空間的位相の典型であるが、特定方言がアクセサリー化して共通語化している現代においては、もはや空間（場所）という位相性は希薄化しつつある。その意味で、「関西弁」ではなく、「いんちき関西弁」とする所以である。その冒頭部を挙げておく。

お昼ごろやったかいなあ、バスのうしろん方にデッキいうもんが付いてまっしゃろ。あこに乗ってましたんや。ほたら、あんた、アホな男はんがいはりますねん。若いのに、ごっつう長い首して、帽子には編み紐のでけそこないみたいなもん巻いとうんでおます。

（一〇九頁）

以上、本節で取り上げた文章例は、原文どおりの翻訳が不可能という理由から、いわば換骨奪胎して、日本語に移し替えたものである。それらは、訳者によって新たに試みられた文体模倣であり、個人文体の場合もあれば、日本語独自の位相文体の場合も見られたのであった。

ただし、他の多くの、ジャンルという位相による文体模倣は、原文にほぼ対応した形で行われていて、それらを日本語における文体模倣として見れば、いかにもそれらしく書かれているという以上の感興はない。このことは、逆説的に、日本語における位相のバラエティがいかに日常的に馴染んだものになっているかを、そしてその分だけ、言葉遊びとしては特別の面白みが感じられないかを示しているといえよう。

ちなみに、イタリアの作家・エーコ、U・にも、同じタイトルのエッセイ集がある。クノーの向うを張って出されたものとのことであるが、趣はずいぶん異なっている。

3　日本の文体模倣

(1)

日本では古来、文体模倣が盛んである。たとえば、『古事記』は漢文という異言語の文体模倣と言えば言えるし、紀貫之の『土左日記』は、「男もすなる日記といふものを女もしてみむとてするなり」という冒頭文によって、女性という位相の文体を模倣することを宣言している。

清水良典（二〇一二）は、その書名どおり「あらゆる小説は模倣である。」とまで言い切るくらいである。その「はじめに」で、小説における模倣のあり方を、次の三つに分類している。

①　自分の独創と思い込んで二番煎じや紋切り型に陥ってしまう無知な模倣。
②　他の作品をなぞって取り込み、その形跡をたやすく見破られてしまう下手な模倣。
③　もとの作品を土台にして別個の作品に仕上げてしまう巧みな模倣。　（四頁）

これらは、言葉遊びとしての文体模倣が意図されたわけではない、独創性や個性をめざした小説においてさえ認められるということである。それでは、あからさまに模倣が意図された作品の場合は、どうなるであろうか。

（2）

和田誠（一九七七）という不思議な本がある。絵画・漫画・映画脚本・童話など、さまざまな捩り作品が収められているが、中でも圧巻なのが、文体模倣である。

川端康成の「雪国」という長編小説の冒頭部分を原文として、三二名の作家の文体を模倣することによって書き分けている。作家と言っても、いわゆる小説家だけではなく、エッセイスト、劇作家、絵本作家、詩人、演劇評論家、コピーライター、写真家、俳優など、多士済済であり、いわゆる文章だけでなく、語り口も模倣の対象となっている。

和田（一九七七）の最後には、「本来は「パロディ」って本当に権威を引きずりおろすくらいの力があるものをそう呼ぶんじゃないかと思うんだ。それに比べれば俺のやってることなんか、やっぱり「モジリ」程度なんだなあ。でもそれが楽しいんだけどね。」（一五八頁）と語っている。

つまり、批判的な意図なく、模倣すること自体が楽しいということであるが、それがまさに「巧みな模倣」と感じられれば、読み手にとっても楽しいのであり、その巧みさという技量においてて、オリジナリティも認められるのである。そしてそれは、位相としての類型文体ではなく、他ならぬ特定個人の文体だからこそ、際立つといえる。

以下には、「雪国」の冒頭の第一文だけを示し、それ相当部分が他の作家の文体によって、どのように書き換えられているか、いくつか例を挙げてみる。

国境の長いトンネルを抜けると雪国であった。（川端康成）

汽車は都市の起点からすでに六時間走りつづけている。トンネルの中の暗闇に眼ざめながら、熱い「期待」の感覚をもとめると、煤の匂いが車内にたちこめ、すでにウィスキーの酔いの醒めた僕の嗅覚を通して確実に躰の内奥で自覚する。猛然とスピードをあげて、薙ぐような風圧を加えながら汽車がトンネルを抜けると、そこはすでに雪国で、その瞬間から、僕の内部の摂氏三十七度の血液は、幾億ともしれぬ雪片によって動揺を与えられる。

（大江健三郎）

国境のトンネルはなにしろ長くて、ぼくはちょうど持っていたソニーのトランジスタラジオから流れてくる「真実一路のマーチ」なんかをボヤッと聞いているうちに、汽車がその相当長いトンネルを抜けでると（どうも唐突だけれど）、そこは雪国だった。

（庄司薫）

国境の長いトンネルを抜けると、そこは隣国だった。国境を越えたのだから隣国であることは間違いない。この小さい国は四年前まで新潟県であったのだが、今では独立した新興国である。

（筒井康隆）

それは……。

文筆家・島村が、再び〔湯沢温泉〕を訪れるための汽車の旅であったが、〔国境〕の長いトンネルを抜けると、

（あっという間に……）

そこは〔雪国〕であった。

（池波正太郎）


トンネルを抜けると雪国だった。

この書き方は正確ではない。トンネルを抜けなくたって、雪国なのである。しかし、トンネルを抜けたら雪国だったというのは、私におけるひとつの観点である。当っているかもしれないし、当っていないかもしれない。

（山口瞳）


ひぇっ、トンネルを抜けたら雪国だったではありましぇんか。わたしは空前絶後にたまげてしまいました。ブルブル!!　ずいぶんと寒いのでごじゃります。

（長新太）

熊田　トンネル出たら雪国ですね。
島村　ああっ、お前、今何言った？　そんな事簡単に言っていいのか？　幸せそうな顔し

てスンナリ言える台詞かよ。

（つかこうへい）

トンネルでたら　ゆきぐにだった
ゆきのなかには　うさぎがいてね
どろのなかには　うなぎがいる

（谷川俊太郎）

トンネルを出ましたねぇ。長いですねぇ。長いトンネルですねぇ。このトンネルは、清水トンネル言いまして、長さは九千七百メートルもあるんですよ。長いですねぇ。この長いトンネルを出ますと、もう雪国ですねぇ。

（淀川長治）

当たり前のことであるが、似ているかどうかの判定は、模倣された作家の文章を読んだことがあるのが前提になる。それに関係なく、文章自体が面白いということもなくはないだろうが、元になる文章の特徴なり書き癖なりを知っているから楽しめるというのが普通である。

ただし、以上に示した例からも明らかなように、原文の「国境の長いトンネルを抜けると雪国であった。」という一文そのものが書き替えられているのはほとんどなく、どれも何らかの補足がなされ、それによってその作家らしさが出るように工夫されている。

文体模倣は、作家ごとに、その特徴なり書き癖なりをどこに的確に見出すかが、腕の見せ所である。それらは、第1章で説明した「文体因子」に相当するものであり、作家によってそれぞれ異なる。挙例のいちいちについて、それが何かを解説することは控えるが、言葉遊びとしての文体模倣は、それをあざといくらいにデフォルメすることによって、当の作家らしさを印象付けるのである。

(3)

ややスタンスは異なるが、望月竜馬（二〇一六）という本がある。

『I love You の訳し方』という書名からすれば、翻訳の仕方の違いを取り上げた内容のように思われるが、じつは「I love You」で表わされる感情を日本語で表現するとしたらどうなるかということを、百名の作家の作品から選び出したものである。もちろん、「私はあなたを愛している」のような、ベタな表現は排除されている。

これは、クノーの『文体練習』に近い観点で作られたものと言える。つまり、内容を同一にして表現を変えるということであるが、作家個人個人（あるいは各作品の語り手や登場人物）の表現としてという点で、位相ではなく、個別の文体によるものである。それでも、ランダムではなく、「情熱的に」「感傷的に」「個性的に」「狂気的に」「浪漫的に」という五つの分類が施されている。

　そのそれぞれにおける、短かめの表現例を挙げてみると、「情熱的に」では、「話したいことよりも何よりもただ逢うために逢いたい」（竹久夢二）、「感傷的にでは」、「すきになる　ということは　心を　ちぎってあげるのか　だから　こんなに痛いのか」（工藤直子）、「個性的に」では、「民さんと一緒にいれば　神様に抱かれて雲にでも乗っている様だ」（伊藤左千夫）、「狂気的に」では、「僕は君が結婚したら、死ぬ。きっと死ぬ」（福永武彦）、そして「浪漫的に」では、「残念だわ。こんな素敵な夜に眠ってしまうなんて」（小川洋子）、という具合である。

　各作品のコンテクストから切り離して、単独でもそれと分かりそうな表現を選んだのであろう。ただ、愛という感情そのものの捉えどころのなさからすると、当てはめようと思えば、大抵の表現が当てはまりそうである。たとえば、この本の帯文には、夏目漱石が「月が綺麗ですね」と訳したことが紹介されているが、愛情と結び付けるには、かなりの説明が必要になりそうである。

　ともあれ、ここで問題にしたいのは、紹介した例からも知れるように、さまざまに異なる表現それ自体はあくまでも結果であって、その元になる発想なり視点なりの異なりが文体形成に強く関わっているということである。同じことはじつは、クノーの『文体練習』の各文章にも、その邦訳の文章にもそのまま指摘できることであった。

(4)

作家個人だけではなく、日本語の各種位相をふまえた文体模倣を駆使した小説作品を書く、ほぼ唯一と言える現役小説家が、清水義範である。

たとえば、清水義範（一九八八）に収められた「永遠のジャック＆ベティ」という短編小説は、第1章（2）でも紹介したが、英語直訳の日本語での会話文を中心に展開する作品である。その会話文は、特定個人ではなく、日本人の英語の初学者（中学一年生レベル）という位相を想定した文体である。

日本語においては、位相の異なりが当たり前とされるが、この作品では、普通には意識されることのない、英語学習者という位相を見出して、実際にありそうな表現を文体として提示してみせたのである。

また、時代という位相の違いを示した作品もある。清水義範（一九九六）には、明治二〇年代に発表された二葉亭四迷の『浮雲』という小説を、「様々の時代の日本語に翻訳する」という、具体的には、昭和三十年頃、平成五年頃、二〇一〇年頃、四〇二〇年頃の、四つの時代の位相に相当する文体に、書き分けてみせる作品が収められている。それぞれの時代の、主人公の内海文三の描写の一部分を挙げる。

〔昭和三十年頃〕

錦町へまわりこんで、二つ目の角まで来たところで中背の男はふと立ち止まって言った。

「しかし、きみがクビになったのは、悲しむべきことでもあるが、同時にまた目出たくもあるぜ」

「なぜだね」

「なぜって、これからは朝から晩まで好きな女のそばにいられるじゃないか。ははは」

「バカなことを言うな」

と、背の高いほうが言って、手軽く、失敬と挨拶すると、一人になって小川町のほうへ歩いていった。

〔平成五年頃〕

文三も初めは何気なく二階への階段を上がりかけたけど、つい立ち止まってしまうよねえ、無理もない。ウーム、なんて考えこむフリをしちゃったりして、一段あがってまた立ち止まり、二段ばかり下ったりする。おーい、あんたの狙いは丸見えだぞーい、というところだ。でもって、あきらめて一気に二階へあがろうとしたところへ、お勢の部屋の中から声がした。

「誰なの」

「いえその、えーと、ぼくですが……」

「ああ、文さんか。ちょうどよかったわ、一人で寂しかったからちょっと来て」

はいはい、すぐ行きます、と言わないところが、ウブな男の面倒なところだったりして。

〔二〇一〇年頃〕

文三の顔が、青ざめて、いかにも、コレモンで、マトモゲではない。

「文さんどうしたの顔色悪いよ」

「いえ、どうもしない」

「そんならいいけど」

「えーと、実は、きのう」

　心がフルエル。

　ガンバッテ言う。

「仕事をクビになっちゃった」

　ズキン。

　えっ！

〔四〇二〇年頃〕

（文）ドア・オープン（勢）ビックリ。

「よろしか」

「よろし」

「昨夜ゴメン」

「（同）」

（文）（勢）♠

（文）言う。
「あなたに相談」
（勢）？？？

昭和三十（一九五五）年、平成五（一九九三）年、二〇一〇年、四〇二〇年という時代設定の意味は判然としないが、各文章からうかがえるのは、それぞれの時代の、二十代前半の男性の言葉づかい、または流行小説の書き方である。

昭和三十年頃のには、会話文に男性語がまだ生きていたこと、平成五年のには、地の文に饒舌な口語体が入り込んできたこと、二〇一〇年頃のには、全体に、電子メール的に、日常会話化していること、が反映しているといえる。最後の四〇二〇年頃というのは、完全に遊びであろう。極力、簡潔な表現になっているのは、未来社会を描いた、欧米のユートピア小説を念頭に置いているのかもしれない。

４　文体と文体模倣

文体を論じるにあたって、文体模倣を取り上げた理由は、四つある。

第一に、文体の核を成すものが何かを歴然と示すからである。「文体模倣」と言っても「文章模倣」と言わないのは、模倣の対象となるのが、目に見える表現形式であること、しかもそれが文章全体に及ぶことによる。つまり、文体模倣とは、文章全体における表現形式の模倣ということである。文体には表現意図や表現効果も含まれるが、どちらにせよその核になるのは表現そのものであり、文体模倣はそれに特化したものである。

第二に、文体模倣は、文体の新たな可能性を生み出すからである。文体は表現しようとする内容と不即不離の関係にあり、どちらが先ということはない。新たな表現を試みることが新たな内容をもたらすこともありえる。文体模倣は元になる文章の単なる真似ではなく、捩りであることによって、元の文章からは逸脱したものである。その逸脱が決まり切った内容との関係を作り替え、結果として新たな文体の可能性を引き出すことにもなるのである。

第三に、文体模倣によって、その文体がより個性的か、より類型的かの違いが明らかになるからである。文体は個人寄りにとらえられがちであるが、それはさまざまな位相という類型の重なり具合に依るところが大きい。もとより、位相は社会的な属性に対応するものであるが、多様な属性を有する表現主体がその属性のどれとどれを選んで用いるかという段階で、文体として機能する。その選択の偏差の度合いが、個性的あるいは類型的な文体と評価される。文体模倣は、その仕組みを顕在化するのである。

第四に、言葉遊びとしての文体模倣の文章は、文体教育の有効な教材になりえるからである。次章で紹介するように、現行の文体教育には問題が多い。その一番の理由は、個別の文章と文体との関わりについて、分かりやすく説明する例が示されないことである。まずは、文学性云々を問うことなく、また古典に限ることなく、個別であれ類型であれ、文体因子としての表現特徴がデフォルメされた文章つまり文体模倣の文章を教材にすれば、相互の違いが分かりやすく、かつ楽しく学ぶことができ、自らも実践しやすいはずである。

それにしても、単純に言えば、文体を模倣するのはなぜ面白いのかということに尽きる。そこに、文体なるものの秘密あるいは魅力が潜んでいるのであろう。

参考文献

エーコ、U．（和田忠彦訳二〇一九）『ウンベルト・エーコの文体練習［完全版］』河出書房新社
荻生待也（二〇〇七）『図説ことばあそび遊辞苑』遊子館
神田桂一・菊池良（二〇一七）『もし文豪たちがカップ焼きそばの作り方を書いたら』宝島社
Queneau R. (二〇一二) *Exercics de style*, **Gallimarad**
クノー、R．（朝比奈弘治訳一九九六）『文体練習』朝日出版社
クノー、R．（松島征他訳二〇一二）『文体練習』水声社
清水良典（二〇一二）『あらゆる小説は模倣である。』幻冬舎
清水義範（一九八八）『永遠のジャック&ベティ』講談社
清水義範（一九九六）『普及版　日本文学全集　第二集』集英社
望月竜馬（二〇一六）『**I love You** の訳し方』雷鳥社
和田誠（一九七七）『倫敦巴里』話の特集

第7章　文体教本

1　文体の教育

「文体」という語が、日常的な世界においてなら、あいまいなイメージによって使われているとしても、重大な問題にはなりえないが、国語あるいは日本語学の教育というレベルになると、そうはいかない。

第1章で取り上げたように、学界レベルにおいてさえ、なお諸説が入り乱れている状況があり、にもかかわらず、その統一的な定義付けに向けての動きもない。逆に言えば、それでも構わない程度の問題としてしか捉えられていないということであろうか。

しかし、教育の場において文体がそれなりの重要性をもって取り上げられるとしたら、あいまいなイメージの説明あるいは諸説の紹介にとどまっていては、教育効果が望めないばかりでなく、学習者をいたずらに混乱に招くことになる。

その実態がどうなっているか、以下に、中学・高校の国語教科書および大学の日本語学関係のテキストを取り上げ確かめてみたい。参考として、一般向けの書籍にも目を向けてみる。

2　中・高の国語教科書

（1）

そもそも、「文体」という言葉を、いつ、どこで覚えるのだろうか。中学校と高校の最新の国語の教科書を調べてみたところ、驚くべき事実が判明した。

文体と関連が強いとみなされる、高校の「国語表現」や「現代文」の教科書には、どこの出版社の、どの学年のであれ、「文体」という言葉がまったく見当らないのである。

わずかながらも用いられているのは、「中学国語」と高校の「国語総合」そして「古典」である。このうち、「中学国語」も高校の「国語総合」も現代文ではなく古文においてのみ、文体に関する言及が見られる。ということは、中学校あるいは高校の国語の教科書で「文体」という言葉を覚えるとしたら、それは古文をとおしてということになる。

ところが、文体とはどういうものかについての肝腎な説明が一切なく、いきなり「簡潔な文体でつづられた、清少納言の「枕草子」」（中学国語1、東京書籍）、「躍動する文体で描いた軍記物語」（中学国語2、学校図書）、「独特の文体で多くの紀行文を書いた」（中学国語3、三省堂）などのように解説されるばかりである。

高校の教科書も似たり寄ったりで、「思索的な文体」（国語総合、第一学習社）、「抑制のきいた文体」（同、教育出版）、「軽妙な文体」（古典古文、三省堂）、「連想と飛躍に富んだ文体」（同、筑摩書房）、「文体の切れ味の妙も独自なものだ」（同、右文書院）などのような、それぞれの印象の根拠が示されないままに「文体」がさまざまに形容・説明されている。

さらに高校の教科書では、文体一般の定義をさしおいて、「漢文体・漢文訓読体・和漢混交文体・和文体・雅文体・俳文体」などの、文体の専門的な分類用語がとくに断りもなく出てきてしまっている。

由々しきことは、そうでありながらも、学ぶべきポイントとして、「文体がどう異なるか考えながら読み比べてみよう」（国語総合、第一学習社）、「文体の特徴に注意して音読してみよう」（同、明治書院）、「簡潔な文体に注意し、内容と要旨を正確にとらえよう」（同、大修館書店）などと記されていることである。何をどうすればよいのか、教える側も教わる側も当惑するだけではないだろうか。

中には、「頻繁に同類表現が確認できることは「語られる文学」の文体面における特徴といえる」（国語総合、数研出版）、「比喩や対句に注意しながら繰り返し音読して、和漢混交文の文体を味わおう」（古典古文、教育出版）、「滑稽な表現を用いたスピード感あふれる文体」（同、桐原書店）などのように、文体を考える手掛かりとなりそうな、特徴的な表現に関する記述も見られなくはないが、あくまでも断片的にすぎない。

（２）

中学校や高校の国語教科書における、以上のような状況が何を物語っているのか、推測されるのは次の三点である。

第一に、教科書編集に携わる人々が文体というものを正面から取り上げようとしていないのではないかということである。これまでも述べてきたように、文体そのものが簡単に説明できない性質のものであるから、中学校や高校の教科書では扱いにくいとしても無理はないものの、編集関係者に文体についてどの程度の認識があるかも疑わしい。しかし、それならばそれで、「文体」という語を使うには、それなりの配慮が必要であろう。

第二に、文体が古文に限って見られるのは、あくまでも文学史的な知識の一つとしてのみ位置付けられているということである。しかも、分類された文体それぞれがどういうものかも解説されていないということは、単にそれらを受験用語として覚えさせるためとしか思われない。

それでも覚えているなら、次の段階に進むきっかけにもなるかもしれないが、大学生にはほとんど期待できないのが現実である。

第三に、文体とは何かということが真に問われるべき現代文や国語表現においてまったく問題にされていないのは、読解としても表現としても文体が等閑視されているということに他ならないということである。解釈の自由や表現の個性がいたずらに唱えられる一因は、このような文体の軽視にもあるのではないだろうか。現代文であれ国語表現であれ、文体は、古文における単なる知識としてではなく、今を生きるための、読み書きの基礎としてこそ身に付ける必要があるはずにもかかわらず、である。

3 大学のテキスト

(1)

日本語学関係の大学用テキストは数多く出版されているが、ここでは全般的な概説書ではなく、文体との関わりが強く、かつ二〇〇〇年以降に刊行された、次の五点をサンプルとして取り上げる。

・沖森卓也・山本真吾編（二〇一五）『日本語ライブラリー　文章と文体』朝倉書店
・高崎みどり・立川和美編（二〇〇八）『ここからはじまる文章・談話』ひつじ書房
・石黒圭（二〇〇七）『よくわかる文章表現の技術Ⅴ―文体編―』明治書院
・小池清治・鈴木啓子・松井貴子（二〇〇五）『シリーズ〈日本語探究法〉6　文体探究法』朝倉書店
・小林千草編著（二〇〇五）『文章・文体から入る日本語学―やさしく、深く、体験する試み―』武蔵野書院

(2)

沖森卓也・山本真吾編（二〇一五）は、書名こそ「文章と文体」のように、両者が対等に並べられているが、章立てから、その内容の配分を見るかぎり、全8章のうち第7章の一章分で「文体」が取り上げられるのみである。

とはいえ、総論に相当する第1章「文章とは」の中では、「さまざまな条件のもとに1つの文章のスタイルが選択される。その文章の様式・形式を文体と言」うという、文体の定義が行

われ、その「さまざまな条件」として、言語行動の主体・客体・場・表現手段の四つをあげている。これらに対応する類型的な文体の具体例が、第5章および第6章の「文章の種類」となるはずであるが、これらの章では、とくに文体としての説明はない。

文体をメインに扱う第7章では、ギロー、P.（佐藤信夫訳一九八四）の「文体とは、話し主あるいは書き主の性質と意図によって決定される、表現の選択から生じた陳述の様相である」という定義が「日本語文体史の記述に多く採られてきた」「最大公約数的」なものとしたうえで、「「文体的異形」の中から1つを選択するとき、文体的特徴がそこに顕現する」と説明する。

このような文体に関する説明が、第1章の定義とどのように折り合うのかはともかくとしても、その後すぐから「文体史の流れ」として、「和化漢文・和文・漢文訓読体・和漢混淆文」などのような、お決まりの歴史的な文体分類の例示となる。各文体名称が、「文体的異形＝文体的特徴」を端的に示すものであり、そのありようを解説すること自体の意義は認められるとしても、それと、各文章の「文体的価値」との関係に関する説明はほとんど見られない。

さらに、テキストとしては、全体に現代語を対象としていることに鑑みれば、文体史が現代語の文体とどのようにつながっているかを示さないと、内容の整合性ということだけでなく、高校の国語教科書と同様の問題も生じよう。

（3）

高崎みどり・立川和美編（二〇〇八）は、書名に「文体」は用いていないものの、全10章のうち3章（第5章「小説の文体分析」、第6章「新しい形態の文章の文体分析」、第9章「古典文学作品の分析」）において文体が取り上げられていて、それなりに重きが置かれている。

文体そのものの説明は、第5章で行われていて、はじめに中村明（二〇〇七）の定義が紹介され、それをふまえて、「読み手として文体の存在に気づくことが、まず始めに求められ（＝文体印象）、次にそれが具体的にどのような言語特徴からきているのか、「統合」された言語的な性格を、一つ一つときほぐしていく作業（＝文体分析）が必要となる」と説かれている。

文体の研究法の説明としては、きわめて正当であるが、問題となるのは、当該章も含めて、その文体分析が説明どおりの手順で実践されているかであり、疑問無しとしない。加えて、気になるのは、このテキストにおいては、「文学作品の文体研究は、文体論の中心的存在」（第5章）として、「文体」あるいは「文体研究」を文学に限定して捉えていることである。

文体は文学のみならず、文章一般、さらには談話にも認められることである。事実、談話関係のテキストにおいても、「スタイル」という用語で、文体を扱うものも散見されるのであるが、このテキストでは、そのほうへの目配りに欠けている。

（4）

石黒圭（二〇〇七）は、書名のサブタイトルに「文体編」と謳っているが、「第一に文章表現の教科書」（あとがき）であり、そのシリーズ五冊の一冊として「どう書くか（方法）」という技術の習得を重視し、「自分らしい独自の文体を作りあげるきっかけ」（はじめに）になることを意図したと語っている。

「文体」という用語については、「はじめに」で「書きことばにもさまざまなバリエーションがあります。小説のことばもあれば、新聞のことばもあります。詩のことばもあれば、エッセイのことばもあります。メールのことばもあれば、論文のことばもあり」、「こうしたことばのバリエーションは「文体」と呼ばれますが、私たちは、小説の文体や新聞の文体などの「ジャンルの文体」を自然に習得していています」と述べるにすぎない。

各講のサブタイトルにはいずれも、「言語弱者の文体・近代文語文体・翻訳調の文体・説明の文体・描写の文体・言文一致の文体・カタカナの文体・点描文体・小説の文体・反復文体・論文の文体・個性的な文体」のように、共通して「文体」という語を用いてはいるが、これらすべてを「はじめに」で言うところの「ジャンルの文体」と称するのは適切とは言えず、むしろ「技法」のほうがふさわしいものも見られる。

それ以上に問題なのは、「ことばのバリエーション」＝「文体」と、単純に結び付けるだけで、説明を済ませてしまっていることである。専門用語的には、「バリエーション」はむしろ「位相」の概念に近いのであって、書き手の意図よりもジャンルのほうの観点から見れば、それは文体よりも位相として、選択よりも踏襲として位置付けられるべきものである。とすれば、それが直接的に「自分らしい独自の文体を作りあげるきっかけ」になりうるだろうか。

(5)

小池清治・鈴木啓子・松井貴子編（二〇〇五）は、「文体」単独を書名とする日本語学関係のテキストとして、日本で唯一のものであろう。当然ながら、文体に関する基礎的かつ詳細な説明が期待されるところであるが、総論に相当する章は見当たらず、「はじめに」の、しかもわずか二頁分、触れるだけである。

このテキストでの文体の定義は、文体とは「メッセージの効率的伝達」のための、「言語作品の装い、または装い方」であり、「主として書記言語による言語作品」に適用され、その装いとしては、「視覚的文体素（文字・表記）と意味的文体素（用語・表現）」の二種があって、「なんらかの言語表現をなせば、そこには必ず文体が存在する」というものである。

文体定義をめぐる混乱を回避した、いたって明快・簡潔な論述ではあるが、その中の、たとえば「メッセージ」とは何か、「効率的」とはどういうことか等、それぞれの部分に関する具体的な解説がないので、その意味するところがきわめて分かりにくい。それが、全15章にわたる各論において展開されていればまだしも、巻末の事項索引を検しても、「文体」で立項されているのは「はじめに」の当該箇所のみであり、つまり各章では取り立てるほどの説明がない、ということである。

巻頭の「編集のことば」には、「本書の眼目は、文体についての言語事実の記述にあるのではありません。一五の事例研究を通して、文体探究の方法を体得してもらうことに眼目があります」とある。取り上げられた一五の事例すべてが古今の文学作品に限られていることは措くとしても、この眼目が達成されるには、前提である文体なるものが明らかになっていなければ、その「探究」以前の「言語記述」さえ、不可能であろう。

一例を挙げると、「純粋な和文とは？—『伊勢物語』の文体—」というタイトルの第3章の冒頭において、「最初期の和文、『伊勢物語』の文体は、極めてだらしないものであった」という、刺激的な文体印象を示す。それはともかく、単純な話、この「極めてだらしない」という文体は、「はじめに」で定義する「メッセージの効率的伝達」のための、「言語作品の装い、または装い方」にあてはまるであろうか。

『伊勢物語』の和文は、話し言葉を半歩ほど踏み出した書き言葉なのだ。文体としては、普段着の文体と称されるものである」とか『伊勢物語』の和文は、まだ、生まれて百年も経ていない和文で、未熟であった」とかいう、時代的あるいは段階的な制約があり、それが『伊勢物語』をはじめとする、当時の和文散文一般の類型的な文体としては認められるとしても、『伊勢物語』という個別の言語作品の固有の文体と称することはできまい。このような、文体の質的な区別に言及しないのは、近現代の言語作品を対象とする場合との連続性を考えても、非常に大きな問題であろう。

（６）

小林千草編著（二〇〇五）は、「「文」「文章」「文体」の概念と最近の研究動向」というタイトルの第一章で、『広辞苑』と『日本国語大辞典』における「文章」と「文体」の語釈を比較検討したうえで、『国語年鑑』の「文章・文体」分野の研究論文一覧を掲げ、第二章以降は、文体論関係の論文の引用と各種の資料の紹介・解説が主となっている。

これらの引用・紹介自体は有益であるものの、文体とは何か、文体因子と文体効果との関係がどうなっているか、などについての、まとまった説明がなく、【発展課題】として、それぞれの検討を読者に委ねる形になっている。その方向の研究をめざしている学生用のテキストとしてはヒントがいろいろと含まれているといえようが、初学者が文体に関する基礎的な知識を学ぶものとしては、ハードルが高そうである。

(7)

以上をとおして、大学のテキストにおける文体の取り扱いに関して指摘できることは、次の三点である。

第一に、文体そのものに関する説明が決定的に足りないということである。自説を主張・展開する研究書とは異なり、テキストの場合は、ある程度、最大公約数的になることはやむをえないであろう。それにしても、かなり抽象的な、あるいは限定的な説明を簡単に示すか、もしくは前提説明抜きで下位分類用語を挙げるかだけというのでは、きわめて不親切であると言わざるをえない。

第二に、第一の結果か原因か、どのテキストも内容の中心は、実例となる文章の提示と、そこにおける特徴的な言語要素の個々の指摘に終始しているということである。これでは、文体を形成する、文体的特徴と文体的価値との関係付け、および文体の類型性と個別性との識別もできない。どのテキストも、学生に研究を促すことまでを目的としているようであるものの、文体の研究が何のために何をすることなのかという基本的な認識が示されなければ、学生が実際に取り組んだとしても、テキストにおける事例レポートの模倣に終わりかねない。

第三に、日本語あるいは日本語コミュニケーションにおける文体の位置付けが示されていないという点である。端的には、なぜ「文章・文体」と並立されるのかという問いに答えていない、というより、そういう問いさえ出されることなく、いきなり文章例が取り上げられているということである。これには、位相との相異という問題も関わるが、そのことに言及するものもほとんど見られない。

急いで付け加えれば、これらはまったく他人事ではなく、むしろ自戒である。本書もテキスト的な性格も帯びているので、できるかぎりの説明は試みたつもりであるが、もとよりその成否は、読者の判断を仰ぐしかない。

4　文体関係の一般書

参考までに、一般向けに書かれた、文体関係の本がどうなっているかについても、瞥見しておきたい。

(1)

一般向けというのは、専門用とも教育用とも異なり、ある程度の啓蒙性あるいは実践性をめざしている。啓蒙性と言えば、文体を知ることにどういう意味があるかを知らしめることであり、実践性と言えば、文章の読解なり表現なりにどのように役立つかを伝えることである。いずれにしても、文体とは何かに対する著者の考え方が示されているはずである。

ここでは、書名に「文体」があり、近年に出版された、かつそれなりに話題になった、以下の三冊を取り上げることにする。

・山本貴光（二〇一四）『文体の科学』新潮社
・内田樹（二〇一二）『街場の文体論』ミシマ社

・中村明（二〇一二）『文体トレーニング　名文で日本語表現のセンスをみがく』ＰＨＰ研究所

（2）

山本貴光（二〇一四）の『文体の科学』という書名は、その「あとがき」によれば、初出の雑誌連載中は「文体百般─ことばのスタイルこそ思考のスタイルである」であったのを、単行本にまとめるにあたり、編集部からの提案を受けて変えたとのことである。命名権に関わる問題はないと思われるものの、すでに同じ書名の、専門書として評価の高い、樺島忠夫・寿岳章子（一九六五）や、文体概説の翻訳書としての、モリニエ、Ｊ．（大浜博訳一九九四）があり、さらに前川守（一九九五）という類似の書名の本も出ている。

それはそれとして、書名でいささかひっかかるのは、「科学」という言葉であり、はたしてそれが内容にふさわしいかということである。文筆家・ゲーム作家・ブックナビゲーターであるという著者自身は「さまざまな文章を意味内容のみならず、物質の側面も含めて総合的に眺め、そこに何が現れているかということを観察し、気づいたことを記述する。これは科学の基本でもあります」（あとがき）と、命名の妥当性を説明してはいるが、たとえば、朝日新聞の書評（二〇一五年三月一日付朝刊、佐倉統執筆）では、「厳密に比較考量するというより、文体を肴《さかな》にして、文章によるコミュニケーションのあり方を自由に論じるエッセイ風論稿」と評価したうえで、「これはあくまでも「序説」なのだ。文体の科学はまだ緒に就いたばかりだ。今後の発展に期待しよう」で締めくくっているところを見ると、現代一般に通用する「科学」の書物とはみなしていないように受け取れる。

山本（二〇一四）の冒頭「文体科学ことはじめ　序にかえて」において、文体を取り上げるに至った二つの疑問として、「どうしてただ一つの文体ではなく、多様な文体があるのか」と「従来の文体論ではもっぱら文の意味内容を検討してきた。だが、その文章がどんな物質にどんな状態で表されているかということは、読み手になにかしらの影響を与えないだろうか」を挙げている。

第一については、疑問としてもっともなことであるが、第二の疑問の前提となる「従来の文体論ではもっぱら文の意味内容を検討してきた」というのは、文学的な文体論に限ってのことである。いやしくも「科学」を標榜している（はずの）語学的な文体論においては、表現の「内容」よりも「形式」の如何を問題にしてきた。さらに言えば、該書が、法律（第五章）や自然科学（第六・七章）、辞書（第八章）などの文章における、ジャンルとしての類型の文体を明らかにするために実践していることは、従来の「文体論」ではなく「文章論」において中心的に行われてきた、文章の構造類型の分析である。

この、文章の構造類型に関して、日本語の文章のみならず、むしろ外国語の文章を数多く対象としている点に、留意が必要である。文体の本質あるいは普遍性ということを前提にしているのかどうか定かではないが、和訳の形で提示しているとはいえ、基本として、ジャンルごとの文章の構造類型以前に、言語自体の構造の違いとの関係がどうなっているのかという問題がある。

該書のユニークな点は、「本の大きさ、デザイン、使われている紙、ページ上の文字の配置、使われている書体やその大きさなどなど、私たちがなんらかの文章を手に持ち目を通す場合」に不可欠な、言語の「物質的な側面」から文体を捉えようとしているところである。その意味で、「言語学や文体論」が取り上げてきたのは、抽象化され形式化された言語であり文章であるといえる。ただ、それらの物質的な側面が、言語の意味や形式の側面と比べて、文体そのものにどの程度、重要な役割を果たしているかは問われよう。

該書全体を通して感じられるのは、「文体」という語を使う際の窮屈感である。「文体」ではなく「スタイル」という語もしばしば見受けられるし、「文体あるいはスタイル」という言い回しや「文体《スタイル》」という表記もある。つまり、受け取り方のせいもあるとしても、取り上げていることがらが「文体」という語とはしっくりなじまないにもかかわらず、無理してまで「文体」に収斂させる必要があるのかということにもなる。むしろ、文章の物質的な側面を重視するならば、「スタイル」のほうが見合っているのではあるまいか。

ちなみに、日本語学者の樺島忠夫は、一九七九年に大修館書店から刊行した、日本語における各種の文体を計量的に論じた著書に、「日本語のスタイルブック」と命名しているのであった。

(3)

内田樹（二〇一二）は、著者の勤め先だった大学の「クリエイティブ・ライティング」という科目の講義録を元にして成ったものであるが、なぜ書名に「文体論」という語を用いたのか、それ自体に関する説明はまったくなく、収録された全14講の各タイトルにも、「文体」は見られないばかりか、どのように文体と結び付くのか、見当が付かないものがほとんどである。

ただ、著者自身は、「クリエイティブ・ライティング」という科目を「文学と言語についての授業」と位置付けたうえで、「何で今「文体論」をしなければならないのか。その理由が僕にもうまく言えない。でも、それを求める歴史的要請があるということについては確信がある」

（第10講）としているので、「文体」なり「文体論」なりについての独自の構想があってのことと推測される。

しかし、実際に文章を書くことに即した文体については、たとえば、「「オレはこういう文体でしか書かないよ」というスタイルがはっきりしている人がいますね。僕は、悪いけれど、そういう単一の文体しか使えない人は、物書きとしては二流だと思います」（第１講）や「とりあえずどういうトピックからとりかかるか、どういう文体でゆくかだけ決めて、書き出す。一人称は「私」か「僕」か、「だ・である」で書くのか「です・ます」で書くのかだって、書き出す前にあらかじめ決まっているわけじゃありません」（第２講）、また著者自身の文章に関して、「固有の文体というもの」があるとして、「どういう単語は漢字で書いて、どういう単語はひらがなに開くとか、句読点の打ち方とか、副詞や形容詞についての好みとか、そういうことについては「決まり」ができます」（第10講）などのように記している。これらは、語彙や表記の選択にもとづく個々の文体的特徴を「文体」と称する、一般的な規定に則したものにすぎない。

文体に及んでいるように思われる実質的な議論が見られるのは、ロラン・バルトの「ラング・スティル・エクリチュール」という言語三層説を紹介している第７講である。このうち、「ラング」は母語のこと、「スティル」は「記号についての個人的な好悪」のことであり、どちらも「主体が自由に選択」できないとする。ここで、「スティル」について、「辞書的な訳語は「文体」なんですが、日本語で言うところの「文体」とはずいぶんニュアンスが違います。むしろ「語感」でしょうか」とわざわざ注記している。

そして、バルトにとって中心的な問題である「エクリチュール」とは、自由に選択できないという意味で外的規制となる「ラング」と、同じく内的規制となる「スティル」の中間に位置する規制であり、それを「強いて言えば「社会言語《ソシオレクト》（sociolecte）あるいは「集団的言語運用」」と和訳・説明したうえで、この規制は「選択することはできるんです。選択はできるけども一回選んだら、その社会集団から離れるまでは変えられない」とする。このような「エクリチュール」とは、じつは言語的位相に関することであって、それに多少なりとも選択の余地があるかぎりにおいて、文体と関わるものである。

しかし、バルトの説を引き合いに出した、その説明が、言語の三層のどれもが自由に選択できないという点に重点がある限り、文体を問うたものではないことになる。

該書のまとめとなる第14講では、「発信者の「届かせたい」という切迫」がメタ・メッセージとなる文章を書くことを求め、そのメッセージは「頭で作文するものではありません。どこから来るかというと、僕たちの中の深いところから来るものです。言語の表層ではなく、言語の魂（soul）から来る」と述べる。このようなメタ・メッセージの有無・ありようが文体の有無・如何を決めるということならば、「文体論」を書名とした由縁も理解できなくはないが、おそらくそういう関係ではないであろう。

（4）

中村明（二〇一二）の帯文には「文体研究の第一人者が名文の真髄を明かす」とある。だからこそ「文体トレーニング」という書名であるとでも言うかのように。しかし、著者自身は書名の由来を語ることはなく、「はしがき」には「〃書く〃という立場からまとめた自分なりの文章読本と言うべき性格の本」であり、「書かずにはいられない気持ちに誘う文章読本最高の使命をはたすことを願」うと記している。

実際、中身を読んでも、「文体」という語はほとんど出てこない。ただ、第Ⅳ章のタイトルが「文体を味わう」であり、文体についての説明らしきものとしては、その最初の「18　涙と背中あわせの笑い」という節で、井伏鱒二の文章を取り上げるにあたって、「筆癖」と「文体」の違いに触れ、「いい文章を読むのは、やせ細ったテクニックを盗み取って人をあざむくためではない。その「文体」を、すなわち、言語というかたちの奥にある表現のこころを酌んで糧とするためである」とし、その節のしめくくりに、「ほんとうのことを嘘めかして書く逆説的な虚構とともに、この種の屈折した感情表現がこの作家のはにかみに由来することに思い至る。そのとき、人はその文体から多くのものを学んだと言えるだろう」と記すのみである。

ここでは、「文体」を「言語というかたちの奥にある表現のこころ」という、分かりやすい表現に言い代えているが、文体が言語表現の「かたち」と「こころ」の相関から成るという、著者の文体定義は以前から一貫している。気を付けたいのは、「かたち」が表現形式であるとしても、「こころ」は表現内容（意味）ではなく、その「奥にある」ものとする点である。該書は、この奥にあるものの見出し方あるいは感じ取り方を、さまざまな作家の文章を見本として解説し、それらを読者各自が文章を書く際に心掛けるための、まさに「トレーニング」の材料として提供しようとしたのであろう。

奥にあるものとは何か。該書では、エスプリや風情、ヒューマー、含羞などを例として挙げているが、「人はその文体から多くのものを学」ぶと言うとき、学ぶに価するものは他にもさまざまにありえようから、そのすべてを枚挙することは到底、不可能である。かりにある程度までは示しえたとしても、今度はそれぞれを何と名付けるかという難題もある。

それでも、一人の読み手として文章に接するだけのことならば、それぞれの文章の奥にある、何らかのものを感じ取ることができたとしたら、それはそれでよいのであるが、書き手となって、その、何らかのものを読み手に感じさせるように表現しようとしたら、はたしてそのとおりに実現できるだろうか。じつは、このことが、文体に関わる、書き手と読み手との関係の、そして意図・効果と表現との関係の問題なのである。

文章のジャンルに対応する類型的な文体の場合は、その表現が類型的であることによって、書き手と読み手との間に齟齬はなく、意図・効果はほぼ達成される。ところが、該書がおそらくは眼目とする、個別的な文体の場合には、書き手の意図と読み手にとっての効果が一致する保障がないばかりか、表現の奥にあるものは、そもそも意図されうる性質のものかどうか、したがって効果が期待されるかどうかさえ、おぼつかない。

世に文章読本の類は山のようにあり、しかも今なお出版が絶えることがない。それだけの需要があるからにちがいないが、文章読本の書き手も読み手も、その大方が、該書のように、「書かずにはいられない気持ちに誘う文章読本最高の使命をはたすこと」を意識し、しかもそれが文体の会得をとおしてこそ実現されるとみなしているとは考えがたい。その意味で、中村（二〇一二）は独自の存在感を示す文章読本たりえているといえる。

ただ、文体は、分かる人には分かる、持てる人には持てる、という感がどうしても拭えない。それは、文学的な文章を対象とし、個性的な文体を取り上げているからであり、そのようなジャンルに限ってのことならば、そうであっても一向にかまわないのである。

(5)

わずか三冊を取り上げただけで、文体関係の一般書全体について云々するわけにはいかないが、そもそも近年は「文体」と銘打つ一般書自体が少ないので、あえて書名に「文体」が出てくるものが目立つ、というのが実情である。

それらにおいて、「文体」がどのような意味で使われているかを見てみると、これまで述べきたったように、それ自体の明確な定義はされることなく、非常に漠たるイメージのままに、内容全体を包括する言葉となっている。それゆえに、読者にとっては魅力的に感じられるという側面があるのかもしれない。

これには、文体は文学と特権的に関わるという、共通の認識を背景としていることが関係していよう。実際、文体に関して数多くの発言をしてきたのは、文学者あるいは文学研究者であり、一般への影響力も強かったと想像される。そして、彼らの言う「文体」は、文学の創作であれ鑑賞であれ、作家・作品の独自性あるいは唯一性を生み出す運動として捉えられるものであった。

このように考えるならば、一般書において、「文体」が「漠たるイメージ」であるのも、それが「内容全体を包括する言葉」として書名に用いられるのも、分からないでもない。もっとも、それによって、読者が文体の何たるかをつかむことができるようになるかどうかは、人によるとしか言いようがない。

（6）

最後に、文体に関する辞典として出版されている、次の二点を紹介しておきたい。

・中村明他編（二〇一一）『日本語文章・文体・表現事典』朝倉書店
・中村明（二〇〇七）『日本語の文体・レトリック辞典』東京堂出版

どちらも「文体」単独ではなく、また「文体研究の第一人者」たる中村明が関与している。中村明他編（二〇一一）では、第Ⅲ章が「文体用語の解説」であり、「文体の基礎」として一

○項目、「文体の要因」として二七項目、「文章の文体分類」として一六項目、「文芸のジャンル」として二項目、「散文のジャンル」として九項目、「韻文のジャンル」として九項目、「話芸のジャンル」として六項目、「文体研究」として五項目、計八四項目にわたって解説されている。さらに、第Ⅵ章では「文章・文体・表現の基礎知識」として、文章の書き方に関わる二三項目が取り上げられ、第Ⅷ章では、「近代作家の文体概説と表現鑑賞」として、二〇二名に及ぶ作家の作品の文体が例文付きで概説されている。

このように、文体に関連すると考えられうる項目は、各項目の解説の適否はともかくとして、この一冊でほぼ網羅されているといえる。

中村明（二〇〇七）は、著者単独で約一〇〇〇（空見出しを含む）もの項目について解説している。項目内容からすれば、項目数も解説の分量もレトリックのほうに重点があるが、文体に関する用語もかなり広く取り上げられている。じつは、中村他編（二〇一一）の文体項目も、それを参照したものである。

その中で、「文体」そのものについては、「文章の表現上の性格を対比的にとらえた特殊性」と一般的に規定したうえで、「文体」という語の、一七種類の具体個別的な用法を示し、解説の最後は「真正な意味での「文体」は、読者のスタイルがつかみとった言語面での作者のスタイルであり、その背後に感じとった人間の考え方、ひいては生き方である」としめくくっている。なぜか「文体」を「スタイル」に言い替えているが、これは先に一般書として挙げた、中村（二〇一二）と共通した捉え方である。

参考文献

石黒圭（二〇〇七）『よくわかる文章表現の技術Ⅴ―文体編―』明治書院
内田樹（二〇一二）『街場の文体論』ミシマ社
沖森卓也・山本真吾編（二〇一五）『日本語ライブラリー　文章と文体』朝倉書店
樺島忠夫・寿岳章子（一九六五）『文体の科学』綜芸社
ギロー、Ｐ．（佐藤信夫訳一九八四）『文体論』白水社
小池清治・鈴木啓子・松井貴子（二〇〇五）『シリーズ〈日本語探究法〉６　文体探究法』朝倉書店
小林千草編著（二〇〇五）『文章・文体から入る日本語学―やさしく、深く、体験する試み―』武蔵野書院
高崎みどり・立川和美編（二〇〇八）『ここからはじまる文章・談話』ひつじ書房
中村明（二〇〇七）『日本語の文体・レトリック辞典』東京堂出版
中村明（二〇一二）『文体トレーニング　名文で日本語表現のセンスをみがく』ＰＨＰ研究所
中村明他編（二〇一一）『日本語文章・文体・表現事典』朝倉書店

前川守（一九九五）『１０００万人のコンピュータ科学３　文学編　文章を科学する』岩波書店
モリニエ、Ｊ．（大浜博訳一九九四）『文体の科学』白水社
山本貴光（二〇一四）『文体の科学』新潮社

あとがき

これまで、文体をめぐって、機会があるごとに、あれこれ考えては書き溜めてきました。中には、すでに公表したものも含まれ、それらは各章の参考文献に示してありますが、今回、一書全体の流れに添うように書き改めました。

文体に関する混乱は、それが本質に根差すことだとすれば、いたずらに嘆くには及ばないでしょう。ただ、見極めるのが大変というだけであって、事は文体に限ったことではありません。しかし、その混乱を既成事実として居直るかのような、あるいはまったく無視するかのような、文体の扱い方を目にするにつけ、黙視したままではいけないという思いがかねがねありました。

その思いの一端は、はんざわかんいち（一九九六）「学界展望　文章・文体」『国語学』一八五や、半澤幹一（二〇〇五）「文体にとって比喩とは何か？」中村明他編『表現と文体』明治書院、はんざわかんいち（二〇一一）「書評　中村明『文体論の展開―文藝への言語的アプローチ―』」『国文学研究』一六五、などで表明してきたつもりなのですが、当然のように学的な話題として取り上げられることはありませんでした。

著者は、表現学会という学会に長年身を置き、日本語表現学という（世に認知されていない）研究分野に取り組んできました。しかし、その研究は国語（日本語）学界では、もっぱら「文章・文体」という分野に位置付けられてきました。「文体」という用語をタイトルに用いた論文はほとんどないにもかかわらず。それはおそらく、「文章・文体」が定番的な分野には収まらない「その他」的な位置付けだったからでしょう。別にそのことをどうこう言うのではなく、むしろそれならばそれで、自分なりに文体とは何かという問題についてきちんと考える責務があるのではないかと感じるようになりました。

本書の内容が、その責務に見合うものになっているかどうかは、まったく自信がありません。はんかん宜しきをえないのはもとより、取り上げた先行諸論に対する理解不足も大いに懸念されます。ただ、本人としては、日本語文体論関係では問題にされることのなかった、そして筆者の長年の関心の対象であった、いくつかのトピックを取り入れることができただけでも良しとしたいという気持ちです。

以前からご縁のあった新典社に、今回も唐突に出版のお願いをしてみたところ、選書として出すことを快く認めてくださいました。この上もなくありがたいことです。

「文体再見」という書名は、文字どおりでは、文体というものを再検討するという意味で付けました。ただ個人的に再検討してみた、というだけでは公刊する意義はありません。反論や異論も含め、本書がきっかけの一つになって、文体に関する新たな議論が起きることを夢想しています。

しかし、文体を取り巻く事態がこれまでとまるで変わらないようであるならば、中国語の別れ言葉としての「再見」になってしまったとしても、非力ゆえのことと諦めざるをえません。後は文体研究に真っ向から挑戦する若手が出現するのを草葉近くまで待つばかりです。

半沢　幹一（はんざわ　かんいち）
1954年２月９日　岩手県久慈市に生まれる
1976年３月　東北大学文学部国語学科卒業
1979年３月　東北大学大学院文学研究科博士課程前期修了
2019年３月　同上博士課程後期修了
学位：博士（文学）
現職：共立女子大学文芸学部教授
著書：『最後の一文』（2019年，笠間書院）
『向田邦子の思い込みトランプ』（2016年，新典社）
『表現の喩楽』（2015年，明治書院）
『対釈新撰万葉集』（共著，2015年，勉誠出版）
『日本語　文章・文体・表現事典』（共編，2011年，朝倉書店）
『向田邦子の比喩トランプ』（2011年，新典社）
『あそんで身につく日本語表現力』（全4巻，監修，2010年，偕成社）
『日本語表現学を学ぶ人のために』（共編，2009年，世界思想社）
『ことば遊びの日本語表現』（共著，2008年，おうふう）

文体再見《ぶんたいさいけん》　新典社選書 94

2020年２月９日　初刷発行

著　者　半沢　幹一
発行者　岡元　学実

発行所　株式会社　新　典　社

〒101－0051　東京都千代田区神田神保町1－44－11
営業部　03－3233－8051　編集部　03－3233－8052
ＦＡＸ　03－3233－8053　振　替　00170－0－26932

印刷所　惠友印刷㈱　製本所　牧製本印刷㈱

ISBN 978-4-7879-6844-9 C1395
http://www.shintensha.co.jp/　E-Mail:info@shintensha.co.jp